新时代高校英语教学创新与实践研究

崇斌 著

延边大学出版社

图书在版编目（CIP）数据

新时代高校英语教学创新与实践研究 / 崇斌著. -- 延吉：延边大学出版社，2023.6
ISBN 978-7-230-05092-0

Ⅰ. ①新… Ⅱ. ①崇… Ⅲ. ①英语－教学研究－高等学校 Ⅳ. ①H319.3

中国国家版本馆 CIP 数据核字(2023)第 103152 号

新时代高校英语教学创新与实践研究

著　　者：崇　斌
责任编辑：张　艳
封面设计：延大兴业
出版发行：延边大学出版社
社　　址：吉林省延吉市公园路 977 号　　邮　　编：133002
网　　址：http://www.ydcbs.com　　E-mail：ydcbs@ydcbs.com
电　　话：0433-2732435　　传　　真：0433-2732434
制　　作：山东延大兴业文化传媒有限责任公司
印　　刷：三河市嵩川印刷有限公司
开　　本：787×1092　1/16
印　　张：15.5
字　　数：200 千字
版　　次：2023 年 6 月第 1 版
印　　次：2023 年 6 月第 1 次印刷
书　　号：ISBN 978-7-230-05092-0

定价：85.00 元

作者简介

　　崇斌，男，汉族，内蒙古锡林浩特人，副教授，硕士，就职于内蒙古工业大学外国语学院，主要研究方向为英语教学、二语习得、翻译。

前　言

虽然我们在英语基础教育改革、高校英语教学改革、英语专业教育改革等方面取得了理论上、方法上的可喜成果，但还存在许多问题值得探讨。改革过程中所出现的课程设置、教科书评价、师资培训、教学质量等方面的问题，要求英语教育体系应该坚持本土性、多元性、发展性原则。教育教学研究、师资培养、人才培养模式等都要符合我国英语教育教学特点，这样有助于我国英语教育的发展。新时代英语教学改革应强调以终身教育为原则，注重教育目标的时代性、教育内容和形式的开放性。本书对新时代高校英语教学模式的现状与创新做了深入的研究与探讨，可为一线教师转变教学思想、革新教学模式、创新教学策略、优化教学评估等提供借鉴和参考。本书旨在帮助高校英语教师在教学实践中改革和创新教学模式，以更好地提高教学效果。

本书是英语教学方向的著作，主要研究新时代高校英语教学的创新与实践。本书从高校英语教学基础介绍入手，针对新时代高校英语学习及对英语教师素质发展的新要求进行了分析；另外对新时代高校英语教学模式创新与实践、专门用途英语教学创新与实践做了探讨；还对高校英语跨文化视域下的教学创新与实践以及多元文化背景下的高校英语教学创新与实践提出了一些建议；最后研究了新时代高校英语与信息技术融合的教学创新实践，对新时代高校英语教学的创新有一定的借鉴意义。

新时代高校英语教育事业需要持续不断地发展，如果业界同行皆有此心，身体力行，理论联系实际，以教育教学事业为己任，力量就会持续壮大，事业就能不断前进！在写作过程中，笔者吸收了部分专家、学者的一些研究成果和著述内容，在此表示衷心的感谢。由于笔者精力有限，书中难免会存在缺点和错误，恳请广大读者批评指正。

目 录

第一章　高校英语教学概述 1
第一节　高校英语教学的基本原则 1
第二节　高校英语教学的模式、方法与手段 7
第三节　新时代高校英语教学的改革与创新 30

第二章　新时代对英语教师素质发展的新要求 37
第一节　新时代高校英语教师的角色 37
第二节　新时代高校英语教师素质发展的新要求 44

第三章　新时代高校英语教学模式创新与实践 51
第一节　高校英语教学模式改革 51
第二节　高校通用英语教学模式创新与实践 60
第三节　创新创业导向下的高校英语教学模式创新与实践 76

第四章　新时代高校专门用途英语教学创新与实践 83
第一节　高校专门用途英语的概念与分类 83
第二节　高校专门用途英语教学需求与存在的问题 94

    第三节　专门用途英语课堂教学改革 103

    第四节　"双创"导向下的专门用途英语专业课程体系
    　　　　与教学模式构建 110

第五章　新时代高校英语跨文化视域下的教学创新与实践 118

    第一节　英语教学与跨文化意识 118

    第二节　新时代英语教学中的文化冲突 130

    第三节　跨文化视域下的高校英语教学改革 140

    第四节　跨文化视域下的英语教学实践
    　　　　——高校英语教学中的"中国文化失语" 155

第六章　新时代多元文化背景下的高校英语教学创新与实践 165

    第一节　多元文化下的高校英语教学 165

    第二节　多元文化对高校英语教学的挑战 173

    第三节　多元文化视域下高校英语教学的新探索 181

    第四节　多元文化背景下中华文化自信在高校英语教学中的
    　　　　培养与实现 189

第七章　新时代高校英语信息化教学创新与实践 197

    第一节　信息技术与英语教学融合 197

    第二节　"互联网+"时代自主学习教学模式创新与实践 209

    第三节　信息化背景下高校英语混合式教学模式创新与实践 229

    第四节　信息化环境下高校英语立体化教学模式创新与实践 232

参考文献 238

第一章 高校英语教学概述

第一节 高校英语教学的基本原则

一、英语交际性原则

学习英语并不是单纯地为了取得高分,而是为了用英语进行交流。培养学生的英语交际能力是高校英语教学的重要内容,学生应用自己掌握的理论知识与技能可以在不同的场合、与不同的人进行交流,因此在英语教学中一定要贯彻交际性原则。为了贯彻这一原则,要把握好以下几点:

(一)充分认识英语课程的性质

英语课程从本质上来讲就是对技能的培训,语言是一种教学的途径,让学生掌握一些简单的语法规则和词汇并不是英语教学的主要目的,让学生能使用英语进行正常的交流才是最终的目的。教师要积极转变自己的教学理念,承认交际性原则的重要性,解决相关问题。

(二)开展多种形式的交际活动

交际是发生在特定的情境之中的,情境的构成要素有:①时间;②参与者;

③交际内容；④交际方式；⑤地点。因此，在英语教学中要为学生创设一定的情境，使学生学习英语时有身临其境的感觉。伴随着国际交流的深入，越来越多的学生有机会接触到外国友人，与他们进行英语交流的机会也就越来越多。

（三）培养学生语言使用的适当性

英语教学最重要的就是对学生进行交际能力的培养，过于重视语法知识、词汇量，就会偏离英语教学的最终目标。学生只要在合适的时间、地点，将自己想要表达的内容用英语表达出来就可以了。中国传统的英语教师普遍喜欢取得良好英语成绩的学生，致使很多学生的英语口语表达不佳。

（四）保证教学内容与教学活动的真实性

英语教学并不是天马行空的想象活动，而是以事实为基础开展的教学活动。在英语教学活动中，应将语言与学生的实际情况结合起来，为学生整理更多真实性的信息材料与素材，贴近学生的生活。教学内容的真实性要求教师的语言与教材的语言也是真实的，英语本就是用于人际交往的语言。

（五）精讲多练

简单来讲，英语教学活动主要分为讲与练两种，即讲授语言知识与进行语言训练。教师讲授语言知识是一部分，学生也需要在练习的过程中掌握知识与应用技能，英语的很多知识与技能都是通过实际练习获得的，教师要清楚讲与练的关系，提升学生的语言知识应用能力，在学生掌握一定的语言知识之后，就需要给学生一定的时间进行练习，教师要对学生的练习效果进行指导。

二、兴趣性原则

兴趣是最好的教师，兴趣也关系到学生学习的动力与质量，学生的兴趣是学生对事物的感情倾向，可以调动学生的学习积极性，也可以激励学生不断努力，取得良好的学习效果。

（一）学习的功能

学习的功能主要分为四种，具体为：①动力功能；②支持功能；③偏倾功能；④定向功能。

（二）尊重学生主体性

学生是学习的主体，高校英语教学要根据学生的接受范围、心理和生理特点进行教学，改变传统教学方式的弊端，使学生体验到学习的乐趣。英语教学要尊重英语教学规律，尊重学生主体地位，通过调动学生的学习积极性，让学生养成良好的学习习惯，提高学生的语感与交际能力。

（三）避免死记硬背

很多学生学习英语喜欢死记硬背，认为这是一个有效的学习途径，有教师对这一途径也颇为认同。教师让学生进行机械性的练习，就会让学生形成一种只有依靠死记硬背才会产生学习效果的印象，也会使得一些学生失去对英语学习的兴趣。

如今，信息技术十分发达，教师有很多可以提升学生学习兴趣的途径，为学生营造一个良好的学习氛围，提高学生的语言应用能力，全面提升学生的英语素质，避免死记硬背。

（四）激发学习兴趣

要想让学生对英语学习感兴趣，光靠学生自身是不够的，还需要教师激发学生学习英语的兴趣，具体途径有：①认真研究教材；②充分挖掘教材；③调动学生的积极性。

（五）培养学生的自信心和成就感

教师要善于发现学生的进步。即使是大学生，也依然渴望得到教师的表扬。教师在发现学生进步的时候，一定要及时表扬，这样学生会继续努力，教师的激励往往会更具有效果。

教师可以了解学生的学习动态与感兴趣的问题，再将这些内容进行整理，并用于教学活动，这样就可以拉近与学生之间的距离，学生就会感受到英语教学与生活的联系。

一个班级里的学生性格各异，受教育水平也各不相同，教师与学生可以变得更加亲密，教师也可以成为学生的朋友。高校的英语教师不像高中的英语教师一样，他们与学生在一起的时间没有那么长，但是教师可以拉近学生与自己的距离，很多事实证明，学生是否喜欢一门课程取决于教师，教师对学生人生道路的影响，可能远远要高于一般人的影响。

教师的教育思想也关系到学生的学习，教师为学生塑造良好的教学环境，尊重学生的主体意识，学生的学习就会变得更加轻松。

三、灵活性原则

语言是实现交际的重要工具，人际交往本身就没有定式可言，语言本身就是一个充满变数的系统，教师在英语教学的过程中要遵循灵活性原则，不能过于死板，教学形式要丰富。

（一）教学方法的灵活性

英语教学流派不止一种，每一种教学方法都有它存在的意义，因为它们本身既有优势也有不足，教师在教学的过程中，应该合理地选择教学方法，不能过于依赖一种教学方法。

英语教学包括语言知识与语言技能两大方面，这两大方面又包括很多小方面，学生的英语水平参差不齐，教师在英语教学的过程中一定要灵活，教学必须要建立在学生实际英语水平的基础之上。教师要将英语课堂变得有趣，充分挖掘学生的英语潜力，提升学生的英语水平。

（二）教学方式的灵活性

教学方式的灵活性体现在从侧面启发学生，实现学生的自主学习。高校英语教学方式的灵活性就是全面发展学生的听、说、读、写能力，提升学生的英语素质。

（三）语言使用的灵活性

英语学习的最终目的就是应用，教师要通过自己的示范作用，带动学生提高英语使用能力。高校的很多英语教师都是全程使用英语教学，学生可以切实地感受到英语使用的灵活性。

整个英语教学过程中，学生不应该是聆听者，而应该是参与者。学生可以使用英语进行提问、讨论，这样可以提升学生的英语使用能力；教师可以通过布置不同类型的任务，让学生灵活地使用英语。

四、宽严结合原则

在实际的教学过程中，要把握好严与宽的尺度，教师要处理好语言准确与流利之间的关系。英语学习是一个漫长的过程，教师的教学方式直接影响学生的学习态度与学习效果。

虽然已经是高校学生，但是英语毕竟不是母语，学生对于英语还是有些陌生的，学生的错误主要集中在语言、词汇与语法上。教师对待错误不能太极端。

对于有些错误，教师认为比较细微，因此不做处理，但是积少成多就会影响学生后面的英语学习；有些教师则过于极端，对于学生的一个小错误进行无限放大，这样会影响学生的学习兴趣，对学生的积极性造成严重的影响，甚至会让学生产生自卑心理。这两种极端的处理方式都会影响学生的学习兴趣。每一位学生都会犯错，这是必经的过程。这个过程通常表现为：①出错；②有/无意识错误；③自我纠正错误。

在运用英语的过程中，就算是教师，也不能保证百分之百没有错误，学生出错是很正常的现象，出错并不可怕，只要及时改正就可以了。教师要采取宽严结合的原则，鼓励学生勇于面对错误，但是对于一些常见的反复强调的错误，教师应该严格对待，加深学生的记忆。

对于能力比较一般的学生，教师应该给予他们更多的鼓励，增强他们的学习自信心，但是对于一些能力比较高的学生，教师要更加严格地要求他们，不断增强他们的语言能力。

五、输入输出原则

输入就是指学生通过听、读来接触英语语言材料，输出就是学生用说英语与写英语的方式来表达，想要输出就必须要输入。学生在学习英语的过程中，接收的知识远远要多于自己想要表达的，人们可以听懂的也远远比自己表达的要多，自己知道的更是比自己可以写出来的要多。学生可能阅读过很多英文的名著、文章，但是学生自己可能就写不出来这样的文章。

语言的输入量越大，语言的输出能力也就越强。学生只有不断提升输入量，才可以提升自己的输出量。尽管学生写不出英文名著，但是学生可以通过阅读名著，提升自己的写作质量。有效的语言输入应该符合可理解性、趣味性、充足性三个特点。

第二节　高校英语教学的模式、方法与手段

一、高校英语教学模式

（一）教学模式的定义

在《辞海》（第七版）中，"模式"一词被定义为作为范本、模本的式样。一般情况下，被研究的对象在理论上的逻辑框架，是再现现实的一种理论性的简化结构。

美国教育家布鲁斯·乔伊斯和玛莎·韦尔在于20世纪70年代出版的《教学模式》一书中，最先对"模式"进行了系统的研究，并将其引入教学领域。他们认为教学模式主要是指在教室和其他环境中教学活动的一种计划，如选择教材、构成课程等。在教学理论中引入"模式"，说明了在一定的教学理论指导下，可以在教学过程中建立各种类型教学活动的基本结构，使其形成一整套策略体系，主要用于保证教学活动科学、有序地进行。

美国学者约瑟夫·施瓦布于20世纪90年代出版了《教学：一种模式观》一书，他认为教学就是构造学习环境、不断满足学生学习需要并进行有效组织的过程，即教学模式是导向特定学习结果的程序。教学模式能够为教学环境提供一定的步骤、程序和结构，并且根据教学环境、学生需求、教学目标的不同，教师必须要掌握多种教学模式，并在实际教学中进行恰当的选择和运用，从而有针对性地对学生进行辅导，实现满意的教学效果。该书提出了八种基本的教学模式，并对其理论基础、实施步骤以及应用实例做了系统的介绍。

20世纪80年代以来，我国对教育模式研究的关注日益增长，同时取得了不少有益的研究成果。我国对教学模式的定义有许多不同的说法：大部分学者认为，教学模式便是教学"大方法"；还有学者认为，教学模式是对教学实践中形成的较为系统的、相对稳定且具有一定意义的教育体验加以结构化、抽象化的特殊理论模式，并且必须在一定的教育理念支配下才能完成。

概括来说，教学模式是一种教学样式，其风格独特，是在一定的教学思想或教学理论的指导下建立起来的相对稳定的教学活动结构框架和活动程序。从宏观上来看，教学模式作为结构框架，强调把握各要素与教学活动整体之间的关系；从其活动程序方面来看，则强调可操作性和程序性。

20世纪90年代以前，我国大多数高校的教学模式都以教师为中心。何克抗教授认为这种教学模式不仅有利于教师对课堂教学的管理、监控、组织，还能充分发挥教师的主导作用。需要注意的是，这种以教师为中心的教学模式不能体现学生在学习过程中的主体地位，并且容易影响学生积极性和主动性的发挥，因而妨碍了创新型人才的培养。因此，为了激发学生的主动性、积极性，高校应对当前的教育模式进行改革，探寻、建立一种既能体现学生主体作用，又能发挥教师主导作用的"主导—主体相结合"的教学模式，从而实现培养创新型人才的教育目标。

综上所述，教学模式的改变必将导致教与学理论、教学观念、教育思想的深刻变革，以及引起教学过程的根本改变。因此，与教学方法和手段的改革相比，教学模式的改革意义更大。

（二）教学模式的构成要素

随着系统方法在美国多个领域的应用，如商业、工业、军事等，教育界也越来越重视系统方法的应用。到了20世纪60年代，系统方法逐渐融入教学实践的研究，经过长期的发展，教学系统方法逐步形成。

我国相关专家、学者利用教学系统方法研究、设计和实施教学活动，将教学整体看作一个系统，主要包括教学过程、学习过程和反思过程三个具体的过程，同时还包括五个要素，即教学内容、教学环境、教学媒体、学生、教师。在教学系统中，各个要素和过程交织在一起，相互作用、相互影响，共同实现教学目标。教学系统是客观存在的，并且其运动具有一定的规律性，因此为了深入研究教学系统的运行规律，我国教育界的专家、学者用教学模式来概括教学系统运行过程，最终明确了教学模式具有理论抽象性的教学系统运行规律。教学模式不仅是教学要素运动的程序和方法，还指导具体教学思想，它主要包括以下几个方面：

1. 教学目标

教学目标是所有教学模式的指向，因此教学目标在教学模式中具有十分重要的作用；同时，它由于决定着师生在教学活动中的组合关系和教学模式的操作程序，因此对构成教学模式的其他因素有着制约作用，是教学评价的标准和尺度，这一特点充分体现了其极强的内在统一性。除此之外，不同教学模式都是为完成一定的教学目标服务的。

2. 理论依据

教学模式不仅是一定理论指导下的教学行为规范，更是对教学理论或教学思想的反映，一般情况下，教育模式会随着教育观的改变而产生差异。例如，人们的理智与情感活动、无意识的心理活动，以及有意识的心理活动在认知中的统一是情境陶冶模式的理论依据。认知心理学的学习理论则是先行组织模式或概念获得模式的理论依据。

3. 教学评价

教学评价主要是指各种教学模式为达成教学目标所特有的评价方法和标准等。不同教学模式的程序和条件不同，需要完成的教学目标和任务也不同，因此评价方法也不同。近年来，我国大部分高校虽然已经具备了较为成熟的教学模式，但仍缺少成熟、完善的评价方法和标准，因此高校必须对此加以重视，并不断完善。

（三）教学模式的主要特点

1.稳定性

教学模式能在一定程度上揭示教学活动的普遍性规律，一般情况下，它作为大量教学实践活动的理论概括，只负责提供具有参考作用的程序，并不涉及具体的学科内容，具有一定的稳定性。需要注意的是，教学模式是依据一定理论提出的，因此会受到教育方针和教育目的的制约，与一定历史时期的教育水平、经济、科学、社会、政治相联系。

2.操作性

教学模式能够以简化的形式反映某种教学理论或活动方式中的核心部分，可以说是一种操作性、具体化的事物，为人们提供了一个更加具体的教学行为框架，便于教师理解、把握和运用。

3.灵活性

教学模式充分体现了某种理论在教学过程中的实际操作形式，并非针对特定的教学内容而提出的。因此，在运用某一教学模式的过程中，必须考虑师生的具体情况、现有的教学条件、学科的特点、教学的内容等因素。为了体现教学模式对学科特点的主动适应性，还要不断进行细微的方法上的调整。

4.指向性

一般情况下，每种教学模式的设计都必须围绕教学目标，并且其运用也具有一定的条件，因此适用于所有教学过程的教学模式是不存在的，并且最好的教学模式是不存在的。教学模式的选择必须谨慎，既要考虑其指向性，又要注意不同教学模式的特点。

（四）教学模式的选择过程与方法

随着对教学模式种类的深入研究日益增多，面对复杂的教学模式，教师如何选择与教学过程相适应的教学模式成了亟须解决的问题。在选择时主要注意以下几个方面：

1.教学媒体与教学模式的选择

教学媒体能够采集、存储、传递和加工教学信息，是一种在教学过程中，师生都可使用的工具和载体。师生关系随着现代教学媒体和技术的发展，也发生了明显的变化，并且程度在逐渐加深，在多媒体和互联网等现代科学技术的支持下，学生的学习已经发生了根本性的改变：从原来的一位教师、一支粉笔、一本教材、一块黑板转变成了内容丰富、变化多端的多媒体；从班级授课延伸到网络学习；从"填鸭"式教学切换到了以学生为本的自主性、探讨式学习。

在传统的英语教学模式中，课堂呈现"一言堂"的状态，教师主要运用纸质的教材和板书开展教学，教材陈旧单一，内容详尽的板书会占用教师较多的时间，从而减少了教师与学生互动、交流的时间。自1999年，我国各地的高校持续扩招，在校大学生人数也在随之急剧增加，教学设施较之以往趋于紧张。在多媒体技术的帮助下，学生在预习课程内容时，就可以利用丰富的网络资源来收集学习资料，了解背景知识，提前进入积极的学习状态。多媒体环境下的语言教学改变了旧貌，教师在备课的过程中就可以利用丰富的语言库资料来组织多种形式的教学。学生通过小组讨论、英语辩论赛以及短剧表演等多种形式来完成课堂学习。教师通过文字、图片、音频、视频文件等使得学生的语言学习课堂内容丰富又有序，教学方式形象、逼真又极富吸引力。在寓教于乐的状态下，学生的语言能力被潜移默化地提高，最好的教育就是教的过程不留痕迹。

课堂之外，教师与学生之间的联系比传统的英语教育模式下有了显著的增加，师生之间通过 QQ 群、E-mail 等多种形式在课外继续共享资源、互助交流。教师与学生之间可以通过网络，将一些时效性较强的音频、视频文件作为课堂之外的有益补充，在线交流的及时性可在最短时间内让学生上交作业并及时反馈自己的语言掌握状况。同学之间可以建立学习群，通过分组讨论，共同完成小组作业，培养了自身的团队合作精神和互助理念。

现代技术弱化了学生对教师、对课堂的依赖程度，在丰富了教师的教学方式和手段的同时，也给教师的教学行为带来了挑战。如何增强教师的授课本领以及如何选择多媒体成为新时代教师教学活动的新课题。

2.学生因素与教学模式的选择

由于教学活动是师生互动的过程，因此学生和教师在教学系统中是必不可少的两个核心要素。目前，我国部分高校存在比较极端的教育观点，即片面地以学生为中心或以教师为中心：片面地以学生为中心，容易忽视教师的引导和支持作用，从而过分强调学生在学习过程中的主体作用；片面地以教师为中心，则容易忽视学生在学习过程中的主观能动性，从而过分强调教师在教学活动中的权威性。由此可知，片面强调一方均可能导致教学系统的失衡。

教学过程中，学生的需求是重要因素。为了满足学生需求，教师应考虑学生的背景、语言能力、学习兴趣、学习方式、语言应用需求等。因此，教师需要根据不同的学生需求，选择最适合的教学模式，以提高学生的学习兴趣和效果。比如大力推动数字化课程，利用网络技术和教学平台，开展在线视频直播、发起讨论等多样化学习活动；利用多媒体形式，如读物讲解辅助、多媒体课件等，以提高学生的学习效率和兴趣；利用外部资源，如网络资源、多媒体教材等，拓展教育资源。

3.教师因素与教学模式的选择

在教学过程中,教学的本质决定了教师的主导作用。学生在教师的指导下学习和认知是教学活动区别于其他活动的重要特点,教师的主导作用主要表现在:①教师应结合教学的具体内容,根据学生的特点和要求,引导学生选择恰当的学习方式;②教师应根据教学内容、教学目标以及学生的个体特征,选择合适的教学组织方式和教学策略;③教师在选择教学模式时,应根据教学目标的需要、社会发展的需要,选择合理的教学内容。

综上所述,教师决定着教学组织的程序和方法,以及教学系统中各要素结合的方式和程度。

4.教学环境与教学模式的选择

一般情况下,教学环境主要包括两个方面:①社会环境,主要是指生生关系、师生关系、课堂秩序、课堂气氛等多个外部因素;②物质环境,主要是指教学中的空间布置、教学设施(包括桌椅、多媒体等)、外部条件(如照明)等。

在教学系统运行中,教学环境会影响教师的教学组织和教学方法,其是教学活动开展的基础。例如,教师只有在具备互联网设施的教学环境中,才能选择网络教学模式。

5.教学内容与教学模式的选择

教学内容通常是指教材、教学大纲呈现的内容。在教学中,丰富学生的知识、完善学生的技能和改变学生的态度是教学的主要目的,而教学内容则是促成其的重要因素。因此,教学系统运行的根本目的和要求是将教学内容内化于学生的认知结构,由此可知,教学内容是教学系统中必不可少的要素。教师在选择教学模式时,必须利于学生学习和吸收教学内容。

二、高校英语常用教学方法

（一）语法翻译教学法

语法翻译教学法是一种传统的英语教学方法，注重语法规则和词汇学习，从母语到目的语进行对应翻译，并且以书面语言为中心，练习的方式以语法分析为主。这种方法的教学目标是让学生构建正确、完整的语法知识体系，表现为阅读能力和书面表达能力。尽管有各种批评，但是并不能完全否认它的优势。事实上，比较第一语言和第二语言的语法结构特征有利于提高学习者的语法意识，并提高学习者语言使用的正确性，这就是语法翻译教学法至今仍在使用的原因。

1.教学模式及教学技巧

可以将以这种教学法为基础形成的语言教学模式概括为：阅读—分析—翻译—讲解—背诵。课堂教学安排一般是先阅读文章，教师对文章以及句型进行语法分析，之后逐句翻译、讲解，分析和讲解主要围绕着句子的结构、复杂的语法现象以及两种语言的互译进行，最后要求学生背诵有关的段落，熟记所学的词汇和语法规则。以上五个教学步骤在这种类型的课上不断地重复，体现着语法翻译教学法的基本特征。

将语法翻译教学法应用于英语教学，应注意把握以下技巧：

①阅读的文章应当来源于文学作品或语法结构和词汇严谨的作品。
②翻译文学作品时应注意语法规则。
③对比目的语和母语，通过反义词、同义词比较两种语言的结构相似性。
④通过演绎法来学习语法。
⑤记忆双语词汇表和语法规则。
⑥做书面练习，通过填空、使用新词造句或写作。

2.对语法翻译教学法的修正

值得我们重视的是语法翻译教学法自身也在不断地修正和完善,并努力克服不足,以适应语言教学不断发展的需要。人们开始重新看待和认识语法翻译教学法。同时,语言学家对语法翻译教学法在以下几个方面达成共识:

①语法能力是语言交际能力的一部分,也是语言基础的重要组成成分,语法能力的培养不应该与交际能力的培养对立。

②语法是沟通概念与语境的桥梁。人们认识到在特定环境下正确使用语法规则进行语言交流的重要性,在采用语法翻译教学法的过程中,人们更加强调这些规则的使用,更加重视使用这些规则的语言环境,这与单纯的背诵语法产生了较大的差别。

③语法翻译教学法可以帮助学习者深入获得信息,并获得较高英语水平。英语学习者掌握了语法规则后,就能够使用这些规则对不熟悉的语言现象进行解码,分析和理解无数的陌生语言现象。语法翻译教学法可以帮助学习者在一定的时间内提高阅读能力,较准确地获取书面信息。

与过去相比,语法翻译教学法的教学目的和方式也发生了一定的变化。其目的在于培养英语学习者的"语法意识"(grammar awareness),提高学习者使用语法规则的能力,达到运用语言实际交流的目的。在两种语言互译的基础上,强调英语学习者在某一特定的语境中,正确、得体地运用这些语言规则的能力。今天的语法翻译教学法基本上摆脱了完全以语法规则为中心,整个教学活动脱离语言交际环境的现象。学生在语法规则的基础上,通过两种语言信息的互换过程,提高语言的实际运用能力,进而掌握目的语。

语法翻译教学法具有很强的生命力的主要原因是它的一些特点符合英语学习的客观规律,且它在不断地修正与完善。所以,在今天的英语课堂上,语法翻译教学法依然占据重要的位置。

（二）交际教学法

语言教学的目标是培养学生的语言交际能力，这是交际教学法的出发点。交际教学法之下的课堂教学以学生为中心，以任务和意义为基础，内容涵盖功能、概念与结构的整个范围，并倡导和支持学习者进行真实交流活动。

交际教学法的出现反映了语言教师和语言学家对传统语法翻译教学法的冷静反思，也是对结构主义方法注重单一、重复模式练习的批判。交际教学法体现了强烈的务实精神和积极参与的态度，可以更好地满足学生对英语沟通的需要，并能促进学生语言应用能力的发展。在交际教学法系统中，教学的目的是交流，掌握语言是沟通的结果，语法规则可以在沟通的过程中自然地获得。语言规则学习的最终目的是发展交际能力，以合适的方式在合适的场合说出合适的话语。

1.交际教学法的内涵

戴尔·海姆斯提出了交际能力这一概念。语言使用者必须知道如何在群体中使用语言，以便进行有效的交流。交际能力是正确和恰当地使用语言完成沟通目标的能力，即学习者不仅能够使用语法规则，也能根据实际情况正确选择语言方式。

交际能力由四个方面组成：

语法能力（单词和规则）——语言使用的规范性；

社会语言能力——语言使用的得体性；

话语能力（衔接和连贯）——语言使用的连贯性；

策略能力——语言使用的灵活性。

交际能力被视为语言教育的目标，学习者可以通过良好的课堂活动获得交际能力，如角色扮演、模拟和现实生活中的互动。

2.交际活动的设计

交际能力的培养非常重要，课堂环境中，交际活动的设计应当为培养学习者的交际能力这一目标服务。课堂上的交际活动主要包括两类：一类是功能交际活动（Functional Communicative Activities）；另一类是社会交往活动（Social Interactive Activities）。这两类有效的交际活动操作性强，能够引导学习者参与有意义的交际活动并使用目的语实现交际目的。交际活动的设计应注意以下几点：

（1）培养学习者的功能交际活动能力

课堂环境中，应设计强调语言功能特点的交际活动。这类活动的目的是鼓励学习者尽可能依靠已经建立的目的语知识体系实现有效的交际，如解决问题或交换信息。具有功能交际特征的活动包括以下几类：

①猜词活动。对句子的运用是培养学习者交际能力的起点。例如，教师要求某位学习者站到黑板前，面向全班。然后，另外一位学习者将刚刚学会的一个单词写在黑板上，这个单词须是大多数学习者所熟悉的。接下来剩余学习者各自用英语解释黑板上的单词，并请那位站在黑板前的学习者猜出单词的意义和拼法。借助这个过程，学习者获得了大量口头使用英语的机会。

②描述活动。描述活动的目的是促使学习者学会如何以段落的形式运用和理解目的语。例如，教师可以要求学习者描述自己所处的城市、所在校园、好朋友、经历的趣事等。

③简短对话。交际能力的发展在很大程度上取决于学习者进行简短对话、互通情感的能力，如聊聊天气、交通状况、度假、赛事等话题。这些简短对话看似"无意义"，但它们在促进社交方面起着不可忽视的作用。因此，学习者应掌握使用简短对话进行人际沟通的语言形式和技巧。

（2）培养学习者的社会交往活动能力

为学习者设计的交际活动应当既具有功能特征，也具有社会特征。由于课堂环节的局限性，模仿（simulation）和角色扮演（role play）是创建更加多样的社会语境、反映更加多样的社会关系的重要技巧。衡量交际是否成功的标准不仅包括语言表达的有效程度，而且包括所选择的语言形式的得体程度（appropriateness）和可接受程度（acceptability）。也就是说，课堂交际活动要接近课堂以外的现实社会交往活动，让语言既有功能性，又是一种社会行为方式。这类社会交往活动可以基于学习者熟悉的场景或事件，如家庭、学校、与朋友会面；也可以是学习者不太熟悉但将来可能遇到的事件，如预订旅馆房间。因此，活动的设计从简单的交际事件（如在街头与朋友相遇）一直延伸到较复杂的交际事件（如一系列的商务谈判）。总结起来，活动设计包括以下两种：

①借助提示性对话（cued dialogue）来完成的角色扮演。教师将相应的不同提示以卡片形式发给学习者，以模仿现实交际过程中的不确定性和自发性特点：学习者必须认真倾听另一位学习者的语言信息，才能知道如何应答。当然，学习者根据所得到的提示信息在很大程度上能够预测到另一位学习者将要表达的内容，并以此确定自己应对的大体内容，降低了学习者以现有语言水平进行交际的困难程度。

②借助提示信息来完成的角色扮演。当只有一位学习者作为交际者得到详细的提示信息，而另外一位学习者得到的信息只能为他（她）提供有限的帮助时，就可创建一个更灵活的交流框架。

（三）认知法

认知法以转换生成语言学和认知心理学理论为基础，强调训练学生的语言能力，反对机械模仿。认知法涵盖人类的感知、注意、语言、记忆、思维等信息加工过程。它认为学生不应当是行为主义所描述的被动者，而是信息的积极处理者。认知法提倡有意义的学习，注重信息和概念的理解以及创造性运用。

1.认知法的理论背景

儿童一出生就被赋予获得自然语言的能力,被称为"语言习得装置"。儿童使用这种天生的能力,通过复杂的心理过程,处理、分析他们所听到的语言,构建他们的句子。每一个可理解的句子,不仅符合特定语言的语法规则,而且符合一个共同结构的基础,这种规则被称为普遍语法,涵盖所有的语言和文化。

心理学体系中的认知理论包括让·皮亚杰的发生认识论、杰罗姆·布鲁纳的学科结构概念和探索学习理论、戴维·保罗·奥苏贝尔的有意义语言学习理论。皮亚杰的发生认识论解释儿童的认知发展、知识的形成以及知识意义,认知结构概念是这一理论的主要观点,认知结构(图式和概念)可以通过适应的过程得以改变。我们生来就有两种能力:组织和适应,以帮助我们处理周围的事情。我们运用这两种能力形成图式和概念。图式是个体形式的心理结构,通过一种有意义的方式,帮助我们理解和记忆信息。在个体适应环境中,有两个相辅相成的认知过程:同化和顺应。同化是使用和转化环境的过程,以便它可以被放置在预先存在的认知结构。同化不会改变图式,但影响图式的增长。顺应是改变认知结构的过程(修改旧图式或创建新图式),以接受来自环境的信息。这两个过程相互作用,并且贯穿人的一生。

布鲁纳的学科结构理论和探索学习理论是认知法的又一重要理论来源。学习一门学科时,学习其基本结构是处于中心地位的,而不是掌握事实和技巧。了解一门学科的结构,能够帮助学生了解这门学科是怎样运作的,使思维过程从一个内容转移到另一内容。他主张学生参与到某一学科调查的实际过程中。布鲁纳强调早期教学的重要性,这能促进学生认知能力的发展。他强调直觉思维,这是创造性思维的基本特征。兴趣是最好的刺激,而不是外界目标。布鲁纳主张通过探究来学习,有效的学习发生在教师提供指导并且鼓励学生探索的时候。

奥苏贝尔基于高级认知学习理论提出了有意义语言学习理论,认为大多数学习是语言学习或接受学习。学习应该发生在一个有意义的有关新知识（概念和命题）的过程中。高级的组织者（教师）可以促进这一进程，以口头方式简要介绍一个专题或描述一幅图，帮助学生联系他们已知的知识和未知的知识。与有意义的学习相比，单一的语言学习或接受学习是低效的。

2.认知法的五大基本教学原则

①课堂教学应该以学生为中心。
②学生的语言能力的发展是最重要的。
③教服务于学的过程，而不是主宰它。
④学习是自觉的、有意义的和有组织的。
⑤听、说、读、写四项技能具有同等的重要性。

认知法以学生为课堂教学的中心，教师的作用是促进学生学习，激发他们的学习兴趣，并引导他们去发现语言规律；在交际活动中，为学生提供使用语言的机会，强调学生的语言能力的发展，使学生创造性地理解规则，并利用他们所掌握的有限规则创造出无限的句子。理解是学习的基础。教师强调有意义的学习和有意义的练习，鼓励学生在理解的基础上发现规则和掌握规则。主张听、说、读、写四项技能全面发展，不赞成听说优先于读写。

（四）模块教学

1.模块与模块教学的概念

"模块"（module）是指能够被组合成一个更大物体的好几个组件之一。

模块教学就是围绕能力和素质的教育，在教法上强调知能一体，在学法上强调知行一致，集中开展相关的理论知识、实践经验、操作技能以及活动方式、方法、方案的同步式、一体化的教与学，以实现具体能力和素质培养目标的教学方法。

模块的一个重要作用，就是实现课程的多样化。从学生学习的角度来看，只有课程多样化，才有选择的可能性。从模块内容的组织来看，有利于解决学校科目设置相对稳定与现代科学迅猛发展的矛盾，并便于适时调整课程内容。从教学组织来看，模块便于学校合理而灵活地安排课程，也能够相对减少学生的并学科目，从而保证学生集中、有效地学习。模块教学需要根据培养目标的不同，先定内容，再定模块，教学目的性较强。

2.模块教学的特征分析

（1）模块教学中主导思想的相对独立性和整合性

从系统理论看，教学系统是教育大系统的一个子系统，是一个相对独立的系统，这一系统的主导思想也是相对独立的。在模块教学中，每一模块体系都有一个主导思想，这一主导思想是该模块体系中在较大范围和较长时间内起支配作用的普遍性规律，是该模块体系知识总体内在联系的基础，同时也是为学生再学习、再认识提供合理的支撑点的科学知识，这便形成了该模块体系的主干。模块教学中某一模块体系的主导思想是就自身而言的指导思想，模块体系的不同导致了主导思想的差异，因此模块教学中的主导思想具有相对的独立性。

模块和主导思想如同人体中的"肉体"和"血液"，从模块到模块的综合，主导思想保证了模块教学过程的发展，它在模块教学中起着知识的整合作用，围绕主导思想，个别构成因素产生联系，为学习者掌握相应的知识提供了更大的可能性，有助于学生从总体上和根本上把握事物的本质规律，从而能条理清楚地深入掌握相关知识。

（2）模块教学中的可选择性

个性的自由是自我发展、自我创造的基础。而模块教学过程中的可选择性是个性自由的延伸。一个全面、开放的教育体系帮助学习者在这个体系中纵横移动，并扩大他们可能的选择范围。模块教学中，各个模块的有机组合为学习者创造了多种独立学习、思考和探索的"活动空间"，学习者可以根据个人的兴趣和需要，自由、自愿地选择某一个模块或某几个模块的组合。这样模块教学就适应了不同程度、不同需要、不同兴趣的学习者的要求,增加了学习者的自由度,提高了学习的效果,发展了学习者的个性。当学习是被迫的、不是从学习者的真正兴趣出发时,有效的学习相对来说也是无效的。学习者个人的需求和兴趣是学习的原动力,只有满足了学习者的需求和兴趣,充分调动学习者学习的主动性,发挥其学习的潜能,才能达到学习的真正目的。

模块教学过程中的可选择性是以知识的掌握为基础的,是有限制的,不是无限制的"自由"。教育教学赋予教育者与受教育者自由选择、自由创作和发展自己个性的权利,但过度的"自由"会给其带来相反的结果。这就有一个"度"的问题,把握好尺度,就需要对教育体系进行管理,提高教育教学的系统性和连续性。

综上所述,模块教学的基本特点是在主导思想的指导下,为学习者提供多方面、多层次的选择空间,开发学习者的智力潜能。在模块教学中,模块体系的主导思想为学习提供了清晰、概括的指导,使学习者掌握学习的脉络,在这个基础上,学习者选择适合自身知识结构和自身兴趣需求的模块。总之,模块教学与主导思想相互依赖、紧密联系,这是模块教学得以存在和发展的基础。

3.英语模块课程设计路径

英语模块课程设计不是针对课程进行逐一设计,而是将准备实施模块教学的课程内容进行选择、组合和排序,以构成目标单元,也可称作是"子模块"。由于英语模块教学的内容较多,在教学设计中必须弄清各个模块之间的关系,使其内在有机地衔接起来。

(1)时序化

时序化是指课程模块之间的一种纵向、有序的安排,使前一模块所学的知识成为后一模块要学的知识之基础。模块内容并非盲目地堆砌在一起,而是严格遵循人们的认知发展规律,其划分具有层次性。学生经过较低层次知识的学习并具备相应的学习能力后,被允许继续学习较高层次的知识,进一步提升学业水平。

（2）串接化

串接化是指各模块之间内在的、连贯性的重新组合。串接关系是从内在联系方面探索模块内容之间的关系。例如，前一模块单元提供的概念或方法，在后面某个模块单元得到扩展，或者找到新的应用机会，即把两个体系中的子模块根据其内在联系组合在一起，构成某一模块课程的一个组成部分。

（3）平行化

平行化是指同时进行的模块之间的一种横向关系，反映并行单元的概念和方法的横向迁移性。它强调的是课程内容的广度，而不是深度，其设置目的是拓宽学生的知识面，拓展学生使用语言进行交际的实践技能。

三、高校英语教学手段

教学手段是构成教学系统的重要因素之一，是为了实现预期的教学目的，教师与学生用来进行教学活动、作用于教学对象的信息的、精神的、物质的和形态的总和。高校英语教学应尽可能地为学生创设自主式学习环境，体现个性化教学，将多样化和立体化引入传统的英语课堂，这些要求对高校英语教学提出了新的挑战。面对英语教学的改革、教学模式的转变和教学方法的创新，高校英语教师需从调整教学观念及教学手段等方面入手，重新审视并合理地运用传统教学手段和现代化教学手段，使教学以更快的速度、更高的效率开发人的学习活力与研究潜能，以保证新形势下高校英语教学的质量。

现代信息技术的应用和普及尤其是多媒体技术和网络技术的结合，为英语教学提供了强大的技术手段，尤其是多媒体英语教学软件的出现，给英语教学带来了勃勃生机，在教学中充分利用以多媒体技术为核心的现代教育技术，是高校英语教学改革和发展的必然要求。利用多媒体手段进行高校英语教学成为各高校英语改革的主要方向。传统的英语教学模式主要是面对面的单向式课堂教学，以教师的课堂讲授为主，主要教学手段是"教材+黑板"，难以营造培养学生语言交际能力的、真实生动的语言环境，因而难以激发学生的学习热情；而多媒体网络教学以其形象性、生动性、先进性、高效性等特点弥补了传统教学的不足，成为现代化教学的重要手段而被广泛应用。

（一）现代化教学手段的优势

现代化教学手段集声音、图像、视频和文字等于一体，具有形象性多样性、新颖性、趣味性、直观性、丰富性等特点。它可以根据教学目的、教学要求和教学内容，创设生动逼真的教学环境、声像同步的教学情景、动静结合的教学图像、生动活泼的教学气氛。它是现代科学技术的发展在教学中的反映，具有直观性强、容量大和智能化的特点。多媒体可以用来设计全新的整体教学过程和交互性、个性化的训练方式，促使教学过程发生根本变化，形成教师、学生、教材和教学方式的新组合，能为语言学习者提供一个良好的视觉、听觉交互式语言环境，发挥其他教学手段无法比拟的教学效果。与传统的教学手段相比，以多媒体辅助的教学手段有着明显的优势。

现代化教学手段能够帮助创设情境，提高学生的参与度。英语教学的最终目的是把学习者培养为成功的语言交际者和跨文化交际者，而英语语言交际能力和技能的获得必须通过大量、反复的语言实践，因此，创设真实的情境进行英语教学是十分必要的。多媒体是集图片、视频、音频与文本于一体的教学手段，它从视觉、听觉与感觉等方面同时刺激神经系统，使学生动脑、动眼、动嘴、动耳、动手，开展积极的思维活动，提高语言交际能力。教师在多媒体教室使用现有的多媒体软件，通过动态过程的演示和模拟情境，将知识以图文并茂的形式展示出来，通过形象逼真、色彩鲜艳的画面，生动有趣的形式充分刺激学生的多种感官，使单调的书本知识形象化、具体化，极大地激发学生学习的兴趣，为学生参与听、说训练创造良好的气氛和环境。同时，学生可以借助计算机，根据各自的喜好选择不同的学习内容，既可听单词、课文的朗读，也可以通过虚拟课堂讨论、角色扮演、游戏等方式培养英语思维能力，有效提高英语的实践能力。

现代化教学手段能够扩大课堂信息容量，提高授课效率。在课堂教学中引入多媒体课件，可以增加课堂信息量，大幅度降低教师的劳动强度，提高课堂效率。传统课堂教学需要教师写板书、学生记笔记，教师与学生的劳动强度都较大，而且讲授不连贯。计算机、多媒体技术的发展为教学提供了强大的技术支持，教师可以运用计算机事先准备好授课内容，制作汇集大量的文本、图像、视频、音频资料的课件，充分利用课堂时间。多媒体课件包含的信息量大，以其信息和数据表达的多样性，调动学生的多种感觉器官参与学习，更增强了学习的趣味性，从而提高授课效率。相较于传统教学而言，在同样的时间里可以呈现更多的信息。多媒体教学节约了教师写板书的时间，降低教师的劳动强度，使教师在单位时间内向学生传递更丰富的知识，而且可以有效地压缩课内教学学时，给学生更多的讨论、小组活动、师生互动的时间。教师也可在课后将课件存放在校园服务器上，供学生随时查阅，这无异于给学生提供了一本完整的课堂笔记，从根本上解决了学生上课时听与写之间的矛盾。

现代化教学手段有利于文化导入，提高学生文化修养。要培养学生的交际能力，就要在进行语言教学的同时进行有目的的文化导入，提高学生的综合文化素养，而多媒体手段使文化知识的引入更加全面和便利。在传统的授课模式中，教师很难在不借助任何辅助工具的情况下，将与教材相关的文化背景知识全面地传递给学生，但是通过多媒体这一容纳大量信息的科技手段，教师可以充分利用网络信息资源，为学生提供视觉、听觉的新感受，为学生了解英语系国家的历史、文化及社会知识提供新途径。教师可以围绕学习主题，组织播放各类相关英语电影或具有时代气息、反映英美国家现实生活的音像材料，来了解英语国家的政治、经济、历史、地理、文学及当代社会概况。通过设置真实、自然的语言交际情境，灵活选用恰当的训练方法，鼓励学生进行口头或笔头的语言实践活动，启发学生按照英语国家的交际规范进行沟通。同时，教师可以在课前给学生布置关于文化背景知识的内容作为预习作业，让学生自己通过网络找寻相关的文化信息，并且制作成PPT课件在课堂上展示。这样，学生不仅在课堂上接收了更多的文化知识，课后也完成了相关自主学习，从知识灌输的对象转变成积极主动的学习者，充分发挥主观能动性，对于提高文化修养大有益处。

（二）现代化教学手段的不足

高校英语教学是一个集多种教学模式和教学手段于一体，以英语语言知识与使用技能、学习策略和跨文化交际为主要内容的教学体系。多媒体教学把各种媒体和教材中的资料都整合到高校英语教学中，对教与学的所有信息进行储藏、加工、传播，优化了高校英语教学信息，同时网络带来的各种最新的新闻、录像等更加大了学生语言的输入量，对于提高高校英语教学水平有积极的影响。现代化教学手段虽然是一种先进的教学手段，但是目前它还不能完全代替传统教学活动，因为其在英语课堂教学中主要是起辅助作用的，不可本末倒置。在具体的教学实践中，现代化教学手段的问题也逐渐暴露出来。

多媒体课件过于注重形式，忽略教学内容。在多媒体网络教学中，教学课件起着重要的作用，它的优劣直接影响着教学效果。教师授课内容的"教学内容性"和"渲染修饰性"成分比例失调，颠倒主次，教师花费大量精力用于掌握制作课件的技术，而真正用于教学的内容反而变少，不利于备课。比如部分教师在制作课件过程中过分注重形式，加入过多的图像、动画，结果出现主次不分、杂乱无章的现象，导致学生上课时一味欣赏课件中的图案和动画效果，而忽略了教师的讲解和重要的知识点。

多媒体和网络的使用给大多数学生提供了自主学习的机会，锻炼了他们的创造性和主动性，然而在这一过程中，由于缺乏教师监督，学习效果的好坏在很大程度上取决于学习者的积极性，难以保证教学质量。在传统教学中，学生基本能跟着教师完成教学任务，教师可以监控学生的表现，教师的警告会约束学生，教师的暗示会启发学生的联想思维。但是由于现代化教学手段强调学生的自主学习，教师的主导作用往往难以发挥，学习自主性较差的学生就不能得到较好管理。另外，多媒体课件上的学习内容繁多，学生往往分不清学习的主次和先后顺序，又缺乏有效的监督和管理，无法检索自己所需的资源而影响自己的学习。

因此，鉴于我国英语教育的师资配备、教学配套设施的建设和完善程度，单纯凭借现代化教学手段是无法保证高校英语教学顺利开展的。为了提高高校英语的教学质量，在教学中就要将多媒体教学与传统教学相结合，各取所长，充分发挥传统教学手段和现代化教学手段的优势，这样才能取得令教师和学生满意的教学效果。

（三）传统教学手段与现代化教学手段的合理运用

教学手段是教育者通过教学内容联系教育对象的桥梁，是教学主体与客体交流教育信息的物质基础。教学手段的运用直接影响师生之间信息传递的质量与效果，进而影响教育对象的思维发展。随着现代科学技术的发展，教学实践条件发生了变化，多媒体教学受到越来越多的重视和应用，互联网的普及大大拓展了学生获得信息的渠道，现代化教学手段正在不断压缩传统教学手段的空间。虽然运用传统教学手段的教师在课堂上传授的知识量有限，授课形式较为单一，趣味性不强，但是传统教学手段在高校英语教学中表现出的优势，对于提高整个高校英语教学水平无疑是有积极作用的。因此，针对传统教学手段和现代化教学手段各自的特点，教师在教学过程中应重新审视如何合理地运用传统教学手段和现代化教学手段，做好两种教学手段的整合，以提高高校英语教学的质量。

传统教学手段是借助文字教科书、挂图、教师的大脑等记录、储存教育信息，靠教师的口头语言和黑板书面语言等传输教育信息的教学手段。传统的手写教案不依赖于计算机等多媒体设备而独立存在，只要有粉笔和黑板，教学即可正常进行。在教学中，一直遵循以教师为主的原则，教师备课认真，讲课内容丰富、有条理。通过面对面的口授、板书以及师生间眼神的交流，教师容易把握学生的领会程度和课程进度，可根据学生的反应随时调整授课方式和内容。学生通过观察教师的表情、动作等形体语言，可以领会教师的用意，从而有助于对知识的消化和吸收，在课堂上师生交流、互动的机会较多。与现代化教学手段相比，以"粉笔+黑板"为标志的传统教学手段虽然过于费时、形式比较单一，但却是在长期教学实践中保留下来的一种传播知识文化的方式。它在加强师生之间的互动、调动学生积极思考、通过教师的肢体语言向学生传达直观感受等方面发挥着巨大作用，其特有的教学效果是现代化教学手段不可替代的。

现代化教学手段以信息处理的高速度、信息的高容量、多媒体，极大地提高了教学效率，这就从根本上改变了高校英语教学环境，可以极大地丰富传统的教学手段，二者互相补充、扬长避短就可实现教学手段的优化整合，为英语教学提供新思路，从根本上改变教育存在的问题。

教学的现代化不应该仅仅指教学条件和手段的现代化，还指教学观念的现代化。"以学生为主体，以教师为主导"是高校英语教学对师生角色的全新界定。教师与学生是教学过程中两个最主要的因素，现代英语教学十分强调师生之间关系的和谐以及教学过程中师生的共同参与和互动。多媒体教学强调充分发挥学生的主体作用，这并不等于教师的主导作用消失。教师与学生各自拥有独特的优势并担负着不同的职责，要平衡教师的主导地位和学生的主体地位，不能偏重一方。教师的主导作用主要表现在学生学习的开始阶段、中间阶段、结尾阶段，在开始阶段激发学生学习兴趣，在中间阶段释疑，在结尾阶段总结学习的概况，都离不开教师的积极作用。学生是学习的主体，教师必须为学生全身心学习创造条件。在教学中，教师应结合传统教学手段与现代化教学手段的优势，积极建构学生知识体系，并且使学生的眼、耳、口、手等都活跃起来，调动学生的学习积极性，启发学生的创造性思维，提高学生课堂参与度。

无论是使用传统教学手段还是现代化教学手段，教师都应注重师生之间的互动、交流，在沟通中帮助学生掌握知识、培养能力。在多媒体介入的教学过程中，教师有时会用多媒体屏幕代替黑板板书，用现成的软件和网络下载的内容代替教案，固定在屏幕前控制鼠标播放课件或多媒体资料，而缺乏与学生直接交流的机会。在这种情况下，教师可以把抽象、单调的学习内容转化成有趣、形象、生动、视听性强的网络课件，通过灵活利用现代化的教授方式，加强师生间的互动、沟通，比如在讲解关键语言点或遇到学生易犯的错误时，教师可以通过板书形式，采用边写、边读、边解释的传统教学手段，突出重点，帮助学生加深印象；或者在条件允许的情况下，可以以课堂提问、小组讨论、让学生上台试讲某个知识点的方式加强师生互动，加深学生对知识的理解。教师通过课堂互动给予学生的思维启发是多媒体无法替代的，因此在教学中要将传统教学手段与现代化教学手段有机结合，从而更高效地提高教学质量。

在教学中，教师应该在帮助学生掌握知识的基础上灵活掌握教学进度。教师应该正确运用多媒体。运用多媒体教学可在短时间内向学生展示大量的教学资料，省去了写板书和擦黑板的时间，但教学节奏明显加快，教学内容增加，可能会忽视重点与难点的突破。教师站在讲台上，不是为了完成课堂教学任务，而是要"传道、授业、解惑"。但是教师为了保证完成本节教学任务，有时难以在课堂上花时间突出重点，讲透难点，因而影响了教学效果。事实上，多媒体辅助教学作为一种现代化教学手段，是提高课堂教学效率、攻克重难点的关键，可以解决一些传统教学中不易解决的问题。无论是传统教学手段还是现代化教学手段，都需要通过学生的课堂反应来了解学生对课堂知识的掌握程度，并且进行必要的重复和举例分析。教师应该正确运用现代化教学手段，用生动又易于理解的方式完成对于知识重难点的讲解，这样既帮助学生理解、掌握知识点，又提高了课堂学习效率。教师应充分发挥其主导作用，遵循学生的认知规律，掌握好教学进度，帮助学生消化、理解所讲知识。

多媒体辅助教学作为重要的现代化教学手段，在高校英语教学中受到重视并得到较为广泛的应用，但是过分夸大多媒体辅助教学的功能，用现代化教学手段完全代替传统教学手段是不现实的。在教学中，要根据教学目标、教学内容以及教学对象的特点，有针对性地设计和选择教学手段，将现代化教学手段与传统教学手段有机结合，实现优势互补，才能提高高校英语的教学效果和质量，提高高校学生的英语综合运用能力，为我国的社会发展和经济建设输送高素质的英语人才。

第三节　新时代高校英语教学的改革与创新

一、服务国家发展战略，加强英语战略与布局研究

随着全球化进程的加快，新时期国家发展战略为英语学科发展提供了新的机遇。随着国家经济的发展，我国的国际地位得到快速提升，中国参与国际事务的机会不断增加，国家迫切需要大批具有国际视野、通晓国际规则、能够参与国际事务和国际竞争的国际化人才。同时，国家实施"走出去"的发展战略也需要大批专门的英语高端人才和国际事务人才。在中国融入世界、与世界各国人民交流的大趋势下，全民对学习英语、提高英语能力的需求也为英语学科的发展提供了更多的机遇。

为了对接国家发展战略，更好地发挥社会科学"认识世界、传承文明、创新理论、资政育人、服务社会"的基本功能，英语学科工作者应该从长远出发，对英语教育布局、人才培养、学科建设等进行认真的思考和研究。

我们需要加强对英语战略的研究。研究其他国家的做法，吸取它们在这方面的经验和教训，开展调查研究，了解国家在英语人才、英语使用、英语教育等方面的实际情况。更重要的是，我们还需要了解国家未来发展的需求，根据国家的发展战略，科学规划、调整英语教学结构，思考高校英语人才的培养如何有效地对接国家战略。

中国英语发展战略研究应该关注以下重大问题：做好中国高校英语教育发展战略的目标与英语规划研究；对接国家"走出去"战略，推动中国学术和文化"走出去"；加强区域和国际关系研究。

（一）做好中国高校英语教育发展战略的目标与英语规划研究

战略目标既指向未来，又要从实际出发。要在实际的基础上提出发展的要求，创造发展的条件，制定发展的措施。战略目标要能够在现有的或可能的条件下付诸实践。英语战略目标应该是动态的，在不同时期应制定不同的战略目标。

首先，要了解我们有哪些英语资源以及这些资源的分布情况，以便我们合理规划、使用这些资源。我们需要建立一个英语资源和英语人才数据库，包括不同级别的人才信息。

其次，加强英语规划与高校英语专业发展战略研究。关注高校英语专业的定位、专业设置、办学层次、人才培养模式与规格、课程设置、跨学科与复合型人才培养研究、课程评估指标体系研究及人才储备机制研究。

最后，根据国家未来政治、安全、经济、文化等方面的发展战略，未雨绸缪，培养与储备相关英语人才，研究特殊英语人才的培养与储备机制。

（二）对接国家"走出去"战略，推动中国学术和文化"走出去"

随着全球化进程的深入，中国学术和文化"走出去"已成为中国国家战略的一个重要组成部分，也是当今世界文化融合和人文交流的重要内容。英语在

"中国学术国际化与中国文化'走出去'"过程中应该承担特殊的角色。一方面，我们应该研究中国文化和学术国际化的现状、存在问题、努力方向；另一方面，我们可以通过与海外学者和机构合作，直接参与中国学术和文化的国际化过程，同时，应致力于培养一批直接从事中国学术和文化翻译与传播的专门人才。

（三）加强区域和国际关系研究

随着中国"走出去"战略的实施，中国需要进一步了解世界、研究世界。英语院校或英语专业应利用优势，大力开展国别综合研究、大国关系研究、国别关系研究和外国文化深度研究。在对对象国家语言进行全方位研究的同时，对这些国家的文化展开综合研究，加深中国对世界的了解。同时，建立多语种舆情监测系统，加强对外合作与关系对策研究，为国家重大外交决策、公共外交和国家"走出去"战略服务。

与此同时，高校英语专业课程设置也应进行相应的调整。首先，在专业发展目标上，应充分考虑语言课程与通识课程以及相关专业课程的关系，把语言能力的培养作为提高学生专业学习能力的一个重要基础，语言学习促进专业学习，专业学习反过来又为提升学生的综合语言能力服务。其次，大幅压缩基础语言训练课程，增加专业方向明确的研究性课程，努力培养学生的探究性学习能力和研究能力。最后，尝试多语种人才培养，鼓励学生学习诸如拉丁语、梵语等语言，培养学生研究西方传统文化的能力。

二、加强高校英语教学理论研究，全面提升英语教学质量

在中国，推行英语教学改革、提高英语教学效率和质量已不仅仅是一所学

校需要考虑的事,它是一个事关国家发展和未来发展、事关数千万在校学生的素质教育、影响中国国际形象、影响中国对人类文明发展贡献程度的大事。因此,切实了解国家发展战略和社会、经济、文化、教育发展对英语的真实需求,从国家利益高度对英语教育进行整体规划和布局,是解决目前英语教学中诸多问题的关键之一。

除了语言文字工作部门和教育管理部门根据国家宏观需求对高校英语教学明确定位、对各级各类学校的英语教学进行宏观的指导外,各高校还应该根据自己的办学层次和人才培养类型对英语教学进行定位。

我们应该研究高校教师职业发展、在职进修等问题,开展基础阶段英语教学与高校英语教学的接轨问题与解决办法的研究,尽快制定统一的英语能力评价机制和标准,以大幅提高高校英语教师的教学创新能力、培养学生的英语使用能力为目标。

在高校英语教学改革方面,我们应该深入探讨高校英语教学如何为高等教育国际化服务的问题。根据不同学校的专业特色情况开展特殊用途英语研究,提高学生运用英语学习专业知识开展国际学术交流的能力。

我们应该研究欧洲国家"用英语开设学位课程"的做法,把高校英语教学的目标设定为高等教育国际化服务。高校英语教学为高等教育国际化服务主要体现在三个方面:①提供国际化课程的师资;②提供部分英语讲授的国际化课程;③帮助学生适应英语授课,满足英语学术交流的需求。

英语教学理论研究同样肩负着"认识世界、传承文明、创新理论、资政育人、服务社会"的使命。"认识世界",就是要揭示语言学习,特别是英语学习的规律;"传承文明",就是要把人类文明史上一切优秀的成果,尤其是有关语言、语言学习和文化的优秀成果,特别是成功的教学实践经验等,继承下来,发扬光大;"创新理论",就是要通过对现有理论的反思,不断创新,获得新的突破;"资政育人",就是用研究成果去为政府有关语言教育政策,特别是为英语教育政策的制定提供可靠的理论依据;"服务社会",就是用研究理论成果去为学习和使用英语的人提供指导和帮助。

中国英语教学理论研究在过去的一段时间中,主要是借鉴国外的相关研究成果,但要建立具有中国特色的英语教学理论,解决中国高校英语教学中的问题,一个重要的内容就是研究中国人学习英语究竟有什么特点。近年来,有一些学者在这方面做了一些实证和对比研究,但成效有限,往往给人"见树不见林"的感觉。我们需要对一些影响英语教学政策和教学实践的重要理论问题进行系统、全面的探究和把握。目前,比较关键的重大研究课题包括:①年龄,如不同年龄的中国人习得英语有何差别;②母语影响,如母语知识在英语学习过程中究竟扮演什么角色;③学习策略,如学习策略和交际策略在英语习得中究竟起到何种作用;④英语实践,如什么样的英语实践能够促进英语习得;⑤文化因素,如跨文化因素在多大程度上影响英语习得。

除此之外,我们还应加强高校英语教材研究。建立高校英语教材资源库,对国内外优秀教材进行研究,探索并建立教材评估指标体系,编写符合中国国情和学生学习特点的各级各类高校英语教材。大力开展课堂教学有效性研究,鼓励课堂教学模式的创新,研究、制定课堂教学评估标准。

三、跨学科研究及研究方法创新

外国语言学、外国文学、英语教学理论、翻译是外国语言文学传统的基础研究领域。基础研究对外国语言文学学科发展和英语人才培养具有重要的意义。我们应鼓励研究人员将这些基础学科领域知识与其他学科领域知识交叉融合,鼓励研究人员创新研究方法。

(一)外国语言学研究创新

在外国语言学领域,要密切跟踪国际语言学发展的最新动态,开展前沿问题研究；积极开展汉英语言对比研究，同时加强大型汉外平行语料库建设；开展神经语言学等领域的研究；应用和借鉴相关学科的研究方法和手段，加强心理和实验语言学的研究；大力开展应用语言学研究，使语言研究服务社会和国家语言战略规划。积极开展汉外对比和语言类型学研究，建设一批有特色的汉外专题平行语料库；开展语言类型学、认知语言学、语用学、话语分析、语料库语言学、法律语言学、社会语言学、心理语言学等方面的研究，为中国语言本体研究、语言战略规划研究、语言研究服务社会等提供参考。

（二）外国文学研究创新

在外国文学领域，密切跟踪外国文学研究热点，进一步加强国别文学研究、比较文学研究、文学理论与思潮研究，鼓励文学研究与文化研究结合，研究中国文学在国外的传播以及外国文学在中国的传播。

（三）英语教学理论研究创新

在英语教学理论领域，要着力构建具有中国特色的高校英语教育理论体系，积极开展具有中国特色的英语教学理论体系和人才培养模式研究。英语教育理论是遵循语言教学规律进行英语教学及英语人才培养的理论基础。加强具有中国特色的英语教育理论研究，建立中国高校学生英语学习语料库与资源库，同时关注教师发展。

（四）翻译研究创新

在翻译领域，翻译基础理论研究与应用研究并重，开展翻译史、翻译与文化传播、翻译与人工智能、外国经典在中国的传播、中国经典的翻译以及在国外的传播的研究，加强中国文化经典和现当代作品翻译的工作。

四、加强应用与服务研究，服务社会

（一）英语应用研究

随着我国许多城市国际化程度的提高，公共场所越来越多地使用英语标识和说明，但这些英语标识存在许多不规范的情况，应研究和规范公共场合英语的使用情况，积极开展英语翻译、语言服务、语言培训等方面的研究，加强对公民出国旅游目的地国家旅游文化等方面的研究。

（二）英语服务研究

开展大型国际活动英语人才需求与配备、外国人社区英语使用状况和需求调查、英语学习和培训等方面的研究。

公共服务行业的英语服务主要指旅游、邮政、餐饮、医疗、金融、通信、文化等服务行业中的英语服务，如商店名称、报刊名称、电台和电视台名称或标志、广告、产品说明书和商标等。

随着中国国际化程度提高，外侨聚居区越来越多。对于逐渐形成的外侨聚居区，我们应提供社区性的全套英语服务。外侨聚居区的英语服务在一定程度上影响外侨的生活质量和居住安全。应加强特殊社区英语服务相关的政策研究。

我们还可以研究如何提高大型活动英语服务的质量。大型活动英语服务主要指为大型运动会、博览会、商贸洽谈会和学术会议等提供英语语言服务，如奥运会、国际电影节和各类商品博览会等。还可以研究大型国际会议和活动的英语服务特点和相关人才培养方式。

由于种种原因，中国英语教育和英语学科发展在新时期面临多方面的挑战，但挑战也意味着机遇。唯有从国家发展战略高度来对中国英语教育进行定位，发挥英语学科的独特优势，为培养国际化人才、推动中国"走出去"服务，同时，加强英语教师师资队伍建设，提高基础理论研究的创新能力，创建具有中国特色的英语教学理论体系，英语教育、英语学科建设才能获得空前的发展。

第二章 新时代对英语教师素质发展的新要求

第一节 新时代高校英语教师的角色

角色是一个人在某种特定生活中的行为模式，教师的角色是教师在学校、课堂和其职业生活中所应用的行为模式，教师的角色是教师和其他职业人员之间的区别。英语教师对英语课程的认知程度与水平对实施教学活动产生直接的影响，尤其是在文化全球化发展的背景下，英语教师面临着重重挑战，他们该怎样对自身的角色进行调整，怎样追赶上时代的步伐，是需要思考的问题。

一、传统英语教师的角色

在传统的英语教学中，教师除了具有教授英语基础知识、与学生形成和谐的师生关系等基本的角色特点外，还表现出自身的特色。具体而言，主要有如下几点表现：

（一）教材的复制者

在传统的英语教学中，教师的工作就是将知识原封不动地传授给学生，在传统英语教师的眼中，课本知识就是"金科玉律"，教学参考就是"真理"，因此往往根据课本来设计教案。此时对教师教学好坏进行评价，主要看教师能否把课本知识传达得到位、准确。显然，基于这样的观念，每一位教师都从课本内容出发展开教学，教师很自然地就成了英语课本的复制者。

在传统的英语教学中，教师配有一整套教材、教参等，其为教师设计了每一堂课的活动，甚至对教师说的话都进行了明确的规定。教师如同批量生产的工人一般，千篇一律地展开教学，将教学大纲内容"复制"给学生。

但是在新环境下，教学过程被看作师生互动的过程。就建构主义学派的观点来说，这一过程是师生对客观事物的意义加以构建的过程，并且是合作性的构建，并不是单纯地传递客观知识。

在英语课堂教学中，教材、教参等是重要的资源，师生需要对这些资源进行开发，尤其是对教师来说，他们需要对这些资源加以分割与整合，之后才能通过与学生的互动，将固有内容转化成丰富的、可供学生理解与接受的知识。将教材的静态知识转换成动态的资源，将单一的知识传授课堂转变成生动的课堂，最终目的都在于帮助学生获得知识。就这一角度而言，不仅学生是知识的构建者与参与者，教师更是将自身置于开放的环境，成为资源的积极构建者。

（二）知识的传授者

在信息技术环境下，很多教师心中仍旧存在"教书匠"的观念，他们侧重将书本作为教学来源，采用灌输的手段进行教学。一些教师将学生看作被动接受知识的"容器"，认为教材是学生获取知识的对象，而教师是将这些知识灌输给学生的人。显然，教师充当了传话筒的角色，将教学简单地视作知识传递的过程。这种过于看重知识而忽视具体能力的教学方法，势必会造成教学过程的重复单一，也会制约教师的创新意识与研究精神，让教师的教学思想与观念更加保守、陈旧。

在新形势下，信息技术迅猛发展，教师在技术、知识上所具备的权威地位受到极大的挑战。在新环境下，英语教师对于知识传授者的角色是否有新的理解？是否已对新的角色进行定位？对新的教学手段、角色观念是否感到不适？如何转变自我并适应这一环境？这些问题都是教师应该思考的。

（三）课堂活动的组织者

任何教学活动都有与之对应的课堂活动，英语教学也是如此，课堂活动是其主要形式。在教学过程中，恰当的课堂活动有利于教学的开展，而且对提高教学质量起着重要的作用。但在传统的英语教学中，教师组织的课堂活动非常单一，多是板书、录音和幻灯片的播放，不可否认，学生可以通过这种方式掌握基本的英语知识，但很难真正融入学习环境，因为这些课堂活动是呆板的，学生没法直接参与，只能通过眼睛去看、通过耳朵去听，学生和教学活动处于分离的状态。虽然有时也有对话练习、英语辩论和话剧表演等，但毕竟有限，电影配音、远程对话等更是少见，学生缺乏学习英语的氛围，很难取得好的学习效果。

（四）独白者

就独白式教育现象而言，教师的行为虽然对于学科而言是"忠诚"的，但是与教学的初衷相背离。教师的工作是为了学生、为了学科与社会的，因此他们应该做到忠诚，这是对教师基本职业道德的要求。在传统的教学环境下，教师是课堂教学的控制者以及秩序的维护者，英语课堂本应该是活泼、生动的，却变成枯燥、死板的语法课、翻译课。在这种将英语课堂视作静态的、完成既定任务的情况下，学生必然处于被动的地位，也失去了积极参与课堂的自由与权利。教师在课堂这一舞台上"唱独角戏"，必然会使得自己精疲力竭，学生也非常厌倦。

可见，教师的独白很少考虑学生的现有水平与兴趣，虽然教师做到了对学科的忠诚，但这实际上是一种"知识专制教育"。教师虽然非常希望将所有的知识传授给学生，但是却让知识成了教学的中心，而学生则处于边缘的地位。

二、新时代英语教师的角色

教师的角色全面反映了教师职业的行为规范以及所发挥的作用，作用的直接对象不仅是学生，还有社会和文化，教师的角色反映出他对社会、文化、学生的作用，这些作用是时代对教师的一种合理期望。在新时代下，英语教师扮演着以下角色：

（一）语言知识的诠释者

英语教师是英语语言知识的诠释者，他们在开展课程教学之前，首先必须具备渊博的知识。简单来说，英语教师需要对英语专业知识有系统、全面的把握，并能够从这些知识中分析出语言现象。一般来说，英语教师需要掌握的专业知识包括理论知识、语境知识、实践知识等，这些知识包含语音、词汇、语法、语篇、文化等知识，英语教师只有掌握了这些知识，才能解决学生在学习中遇到的实际问题，帮助学生提升自我，实现更好的语言输出。

（二）学生学习的引导者

在英语教学中，教师扮演着引导者的角色。教师要根据学生的具体情况制订可行的学习方案，指出学生学习的方向；在具体的教学过程中，教师要引导学生向预期的学习目标努力，即给予学生各方面的引导，使学生受到启发，从而逐步完成学习任务。具体来讲，教师的引导行为包含以下几个方面：

①根据学生的总体水平，选择适合的学习材料和学习策略，制订适合学生

的学习目标。

②充分了解并参考学生的个体差异、个性特点和接受能力，与之探讨他们能够达到的最佳学习效果，帮助他们制订针对自身的切实可行的学习方案。

③指导学生合理、有效地安排学习时间以及指导学生充分利用图书馆、互联网和课堂上与学习伙伴的讨论等。

④仔细观察并发现学生在学习中存在的问题和困难，及时地给予学生支持和指导，并对学生在课堂内外的具体表现给出中肯的建议和评价。

⑤积极培养学生良好的学习习惯，培养学生的听说技能和交际能力，为学生制订长期和短期的学习计划。

⑥鼓励学生积极参与不同形式的课堂活动，激发学生学习的兴趣。

可以看出，教师作为引导者的主要目的在于组织有意义的活动，指导学生的整个学习进程，并根据学生的学习反馈调整教学方法，引导学生寻找解决问题的途径，进而培养学生自主学习的意识和能力。

（三）语言技能的传授者

除了英语知识，英语教师还需要掌握语言技能，并且将这些技能传授给学生。学生在学习语言的过程中，掌握语言知识是基本条件，而最终目的是提升自身的语言技能。一般来说，语言技能包含听、说、读、写、译五项。就语言的发展规律而言，听、说居于重要地位，读、写、译其次，但从英语教育的角度而言，读、写、译居于重要地位，听、说其次。这就说明英语教学的目标是让学生具备一定的读、写、译能力，而听、说能力是实现读写译能力的前提与基础。英语教师要想提高教学质量、熟练地"驾驭"英语这门课程，就必须掌握这五项技能，并且保证五项技能的有机结合，从而提升学生的语言综合技能。

（四）教学活动的参与者

在传统的英语教学中，教师一直处于中心位置，大部分时间都在向学生灌输教材内容，很少有机会参与教学活动，同时学生的创造力和想象力的发展也受到了限制。随着英语教学的改革与发展，现在的英语教师已经由知识传授者变为学生学习的参与者。教师与学生共同建构了教学这一体系，二者处于平等的地位，应该平等地参与教学。教师应与学生一起探求知识，当自己出现错误和过失时，要勇于承认。教师应营造平等、民主的教学氛围，与学生一起积极参与各种教学活动，同时应成为学生的观察者、倾听者和交流者。

教师在参与学生的活动时，就与学生形成了合作的关系，也扮演起了合作者的角色。在合作的过程中，学生若感觉到教师不再是教学的权威者，而是"自己人"，紧张情绪就会消除，学习的积极性会不断提高。对此，教师在参与课堂活动时，应抓住所有机会为学生创造轻松的语言实践活动，并积极参与其中，同时教师要注意在参与过程中对学生起到示范作用。在语言实践活动中，学生会不自觉地将教师作为榜样，在教师的引导下，学生的语言运用能力会逐步得到提高。

（五）教学方法的探求者

英语教师在英语教学中不能仅使用一种教学方法，应该承担起教学方法的开发者与设计者的角色，创新教学方法，使教学课堂更多样、有趣。与其他学科相比，英语教学具有极强的实践性，因此其与教学方法的关系更为密切。此外，教师在分析语言知识、组织课堂活动时都需要考虑相应的教学方法。

随着很多学者对英语课程教学进行了深入的研究，很多教学方法被探索出来，如翻译法、交际法、任务法、情境法等，这些教学方法各有利弊，英语教师需要综合考虑教学的实际情况以及学生的实际水平，选择适合学生的教学方法组织教学，有时候甚至需要运用多种方法，以获得最佳的教学效果。

（六）语言教学的研究者

英语教师除了承担着语言教学任务外，还承担着研究者的任务。他们在掌握语言教学理论与性质、规律的基础上，逐渐构建自己的教学理念，并运用这一理念去指导实践活动，达到良好的教学效果。因此，英语教师在英语语言教学实践中，必须进行英语语言教学的理论研究，将教学研究与课堂教学实践相结合，从而实现理论到实践的转变。

（七）本土知识的传播者

教师不仅需要认知与了解其他族群的文化，还需要对本土文化知识有清楚的了解与把握。教师应该是本土文化知识的专家，挖掘本土文化蕴含的特色。教师是知识的引导者，也是文化的传承者，他们应该以真诚的面貌展现在学生的面前，将本土文化知识融入自己的课堂，与学生展开平等的交流，这样可以为英语课堂教学提供更为广阔的空间，同时有助于构建和谐的师生关系。

教师要比其他人更注重对本土文化知识的保护与发展，并且懂得如何对学校所处地区的本土文化知识进行发掘。教师可以引导学生将本土文化知识与书本知识进行比较，使学生将本土文化知识与书本知识紧密融合，从而创造新的知识体系。

（八）现代技术的应用者

在网络、多媒体普及的当代社会，翻转课堂等新的教学模式开始运用于英语教学，在这种教学模式下，英语教师面临着更艰巨的挑战，因为这一全新的教学模式对英语教师提出了更高的要求。基于此背景，英语教师必须学会运用先进的教学手段和教学模式，改变传统的教学理念和方法，使自己成为现代技术的应用者，这样才能满足当前教育的需求。

第二节　新时代高校英语教师素质发展的新要求

英语教师的角色决定了英语教师必须具备的素质。教师素质是教师顺利完成教学任务、培养人才所必须具备的品质。教师素质侧重教师的从业素质，即教师的职业素质，具体指教师为了与教师职业要求相符所必须具备的基本能力与品质，包含教师的道德素质、文化素质、思想素质、能力素质、科研素质等。在新时代下，英语教师不能单一地对学生进行知识的教授，还要自我理解，即教师对自身在实践中的反思。

一、英语教师基本素质

根据林崇德提出的"三层次五成分"的教师素质观，从当前英语教师的基本情况考量，英语教师基本素质涉及如下几个层面：

（一）职业理想

教师的职业理想是教师从事教学工作的兴趣与动机的体现，是其献身于教学工作的原动力。在英语教学中，教师的职业理想表现为积极性、事业心、责任感，英语教师具备崇高的职业理想是他们开展英语教学活动的有利条件。

（二）知识水平

教师较高的知识水平是教师开展教学工作的前提。从功能角度出发，可将教师的知识结构划分为四大部分：本体性知识、文化知识、实践知识、条件性知识。

本体性知识是教师特有的知识，如英语语言知识，这是教师获得良好教学效果的保障。但掌握本体性知识只是教师教学的基本保证，不是唯一的条件，教师还需要掌握其他层面的知识。文化知识对于教师教育效果而言有着重要意义，其与教师的本体性知识有着同等重要的作用。实践知识是指教师在具体的课堂中，面对有目的的行为所形成的知识。这种知识是教师经验的积累，会受到教师经历的影响和制约，教师经历包括教师的打算、教师的目的等。条件性知识是一个教师能否取得教学成功的关键，一般来说，教师的条件性知识可以划分为三种：学生的身心发展知识、学生成绩评估知识、教与学知识。

（三）教育观念

教育观念是教师在教学活动中形成的对教育现象的主体性认知，是从自身的心理背景出发进行的认知。一般来说，教育观念包含知识观、教育观、学习观、学生观等。

（四）监控能力

监控能力表现为教师为了保证教学能够顺利实现预期目标，在教学过程中对目标进行主动计划、检查与反馈等。具体来说，包括对课前教学的设计、对课堂的管理与指导、对课堂信息的反馈。事实上，监控能力是教师对其认知的调节与控制，是教师反省与反思的体现。

（五）教学策略与行为

教学策略与行为表现为教师为了实现教学目标，从学生的特点出发，采用各种教学手段，因材施教。在英语教学中，教师的教学策略与行为表现是教师根据不同学生的学习风格与水平差异，设计符合学生风格与水平的课件，采用网络多媒体技术，将自身的教育思想以学生容易接受的方式传达给他们。

二、新时代英语教师应具备的素质

（一）师德素质

师德是英语教师必备的素质，也是英语教师从事教育活动的动力源泉。教师的师德具体体现在对学生的热爱、对事业的忠诚、对教学的执着追求和人格的高尚。与此同时，教师的师德直接影响学生的成长。因此，英语教师在日常的工作中要坚定理想信念，树立科学的世界观、人生观、价值观，忠于人民的教育事业，具有爱岗敬业的奉献精神，热爱学生。可以说，英语教师只有懂得奉献、行为公正、具有责任感，才可能实现言传身教。

（二）以学生为中心的教学意识

在现在的英语课堂中，学生来自不同的地区，具有不同的成长背景，这就使得他们有着不同的接受能力、不同的思维方式等。如果教师将所有学生视作同一个体，那么必然会削弱学生学习的积极性与主动性，也势必会导致教学效果不佳。对此，教师应该以学生为中心，也应该改变自身的角色，从原本课堂的控制者转变为学生英语学习的辅助者，同时以平等、公平的姿态对待每一位学生。教师要认识到不同学生的文化差异与多样性，对不同的学生采用不同的方法，使学生成为教学的主体，展现自身的个性，从而更好地在多元的环境中习得英语这门语言。

（三）心理素质

心理素质总体反映了人的性格、情感和意志。随着社会的发展、科技的进步，英语教师除了要面对繁重的课业压力，还要关注学生的生理和心理健康，所以教师必须提高自己的心理承受能力，形成良好的心理素质。具体来讲，英语教师应该从性格、情感、意志三个方面培养自己良好的心理素质。

1. 性格

教师的性格对课堂氛围、班级气氛、学生学习的积极性等有着直接的影响。通常性格外向、充满激情的教师的课堂也会更有张力，在这种气氛下，学生学习也更有热情，学习效果也会更好；而性格内向、保守的教师，其教学模式往往比较陈旧、固定，课堂也会比较沉闷，很容易打击学生的学习兴趣。作为一名英语教师，最好既能外向、活泼，也能沉着、冷静，这样才能让课堂既生动活泼，又井然有序。

2. 情感

教师是为学生服务的，教师应热爱教育事业，甘愿为学生付出。英语教师肩负着引导学生健康成长的责任，所以其必须具备强烈的责任感和责任心。教师要以真诚的态度对待每一位学生，表扬和鼓励学生的进步，分析和指导学生的问题。教师要热爱自己的学生，对所有学生一视同仁，不以学生成绩的高低作为评判学生好坏的标准。在课下，教师也应该投入时间和精力观察学生的性格特点，给予学生关爱，努力与学生建立良好的师生关系。

3. 意志

在具体的教学过程中，教师会遇到各种问题和困难，所以教师要具备解决问题、克服困难的勇气和信心。因为英语教学工作是一项持久的、不可随意中断的教学工作，所以教师需要有持之以恒的精神和意志。与此同时，在教学过程中，英语教师还要具备不断发现问题和解决问题的能力，这也属于对教师意志方面的要求。

（四）驾驭教材的素质

教学的开展离不开教材，教材是开展教学的基础，也是教学内容的重要载体，所以一名优秀的英语教师应该熟练掌握所使用的教材。具体而言，英语教师应具备对教材的使用和评价两种能力。

1.对教材的使用能力

（1）补充或删减教材内容

英语教师在使用教材时，应该能根据实际的教学情况，对教材的内容进行适当的补充或删减，以便更贴近学生的实际生活，满足学生的需要。这里的补充或删减并不是随意进行的，而要在保证不影响教材完整性和系统性的前提下进行。必要的时候，英语教师要与学生进行协商，决定是否补充或删减某些内容。

（2）拓展教学活动或增加教学活动步骤

并不是所有教材中的教学活动的难度都与学生的水平相符，当教学活动的难度与学生的学习水平不符时，会导致教学效果不佳。因此，教师有必要根据英语教学的具体情况和需要，适当调整教学活动的难度。教师如果认为教材中的教学活动太简单，那么可以对教学活动做适当的延伸，如在阅读理解的基础上，增加词汇训练、展开讨论或辩论，甚至可以进行写作训练等；如果教师感觉英语教材中的教学活动太难，那么也可以适当增加教学活动的步骤，增添一些提示性的步骤，降低教学活动的难度。

（3）调整教学方法

受客观条件的影响，学生的英语水平存在较大差异，以及教学具体情况不同，英语教材推荐的教学方法并不适用于所有的学生和教学实践。此时，教师可以根据学生的特点和具体的教学情况，对英语教材推荐的教学方法进行调整，以获得更好的教学效果。

（4）调整教学顺序

英语教材安排的教学顺序并非全都合理，对此，教师可以结合教学实际情况进行调整。为了提高学生的英语学习兴趣，教师在调整教学顺序时应及时地将教学内容与社会现实生活联系起来。此外，教师在调整教学顺序时，应注意教学内容之间的关系，遵循循序渐进的原则，不可随意调整。

（5）对教材使用情况进行总结

在开展教学一段时间之后，教师应对教材的使用情况进行总结，以了解该教材使用的效果。在对教材的使用情况进行总结时，英语教师应考虑如下几个方面：

其一，教师和学生是否满意此教材。

其二，使用此教材进行教学是否达到了既定的目标。

其三，使用此教材是否有利于提高英语教学的效果。

其四，在使用此教材时，发现其有哪些优点和不足。

其五，此教材在哪些方面需要进行调整。

2.对教材的评价能力

学生在学习英语的过程中，除了使用教师要求的英语教材，还会使用一些辅助教材，这就需要教师具备一定的教材评价能力，能够帮助学生选择合适的教学材料。英语教师的教材评价能力体现在如下几个方面：

（1）教学指导思想

在评价教材时，教师应该先评价教材体现的教学指导思想，分析该思想是否与学科的最新研究成果相吻合。教学指导思想具体涉及对语言的认识、对语言学习的认识以及对语言教学的认识。

（2）教材内容的选择与安排

教学内容的选择与安排往往会决定教师要教什么和学生要学什么。教材内容的选择与安排应该以英语教学的目标——培养学生综合运用语言的能力为基准。然而，英语语言能力的形成以基础语言知识、基本语言技能、学习策略、情感态度、跨文化意识以及英语能力为基础，因此，英语教材必须涵盖以上内容。英语教师在评价教材的内容时，还应该看其是否符合语言学习基本过程的规律。

（3）所采用的教学方法

英语教学方法决定了教师要怎么教和学生要如何学，它可以为教材内容的选择、安排以及教学活动的设计提供具体依据和参照。因此，教师在对教材进行评价时，要看其是否体现了先进的教学方法。当然，编写教材时应该以某一种教学方法为基础，同时借鉴其他教学方法的长处。

（4）教材的组成部分

一套完整的英语教材应该是由教师用书、学生用书、练习册、多媒体光盘、录音带、卡片以及挂图等组成的立体化教材，这些部分各有侧重、各有特色，构成了一个有机整体。

（五）信息素质

随着科技的日益进步，人们逐渐意识到高素质人才是一个国家、一个民族最大的竞争力。在所有素质中，信息素质是一个最不容忽视的方面。然而，对于中国来说，信息素质教育起步较晚。很多资料表明，我国高校教师的信息素质已无法适应当今教育信息化对高等教育的要求。

为了提升信息素质，教师应做到以下几点：

（1）教师应该对信息、信息社会、教育信息化有基本正确的理解，关注教育信息化的进程，积极投身于学校教育信息化的工作。

（2）教师应该认识到获取信息资源对教育工作的重要性，能确认自己的信息需求，灵活地通过各种渠道迅速地获取有效信息。

（3）教师可以有效地存储、快速提取和发送信息，能够管理自己搜索到的或自己记录的信息。

（4）教师可以准确、高效地解读信息和批判性地评价信息，可以将信息应用于批判性思考。

（5）教师可以对相关信息进行有效整合，创造性地使用信息解决问题，能够用尽可能多的表达方式表达、呈现新信息。

（6）教师要具备较强的信息道德意识和信息安全意识。

第三章 新时代高校英语教学模式创新与实践

第一节 高校英语教学模式改革

一、高校英语教学模式改革的背景

当前,我国的高校英语教学采用的仍是传统的教学模式。实践证明,传统的教学模式已不能适应高等教育的发展,不能实现高等教育的人才培养目标。因此,需要改变高校英语教学模式,建立具有中国特色的、培养高级综合型人才的现代教学体系,推动我国高校英语教学的发展。

(一)传统教学模式的弊端

社会信息不断发展,知识经济时代逐渐来临,传统教学模式的弊端逐渐显现,主要有:教学方式单一;教学方法为教师单向灌输;教学内容陈旧,跟不上科研的步伐;教师的知识结构陈旧;等等。

随着时代的发展,传统的教学模式将会受到三方面的挑战和冲击。第一,竞争意识欠缺,不能迎接经济的挑战。人才流向受经济的影响,经济的竞争等同于人才的竞争。第二，封闭式的教学不能对抗知识经济的冲击。知识经济逐渐成为社会的主导，教育和社会实践需要为社会创造效益，学生在毕业后仍需要不断地学习。第三，传统教学模式下，无法利用先进的教学设备、先进的教学方式、先进的网络和信息技术以及现代化的教学环境。

近年来，高校英语教学效率低、费时费力的问题逐渐被人们重视，人们开始呼吁高校英语教学改革。为了提高英语教学效率、加快高校英语改革进程，就需要对高校英语教学中出现的问题进行探索与分析。

我国学生常常把时间和精力都放在英语学习上，尤其是全国大学英语四、六级考试（以下简称英语四、六级考试）实行统考后，高校英语受到了前所未有的重视。但是，我国学生整体的英语水平并不高。虽然许多高校的教学设施、条件都有所改善，学校、教师和学生也都付出了努力，但没有显著的效果。此外，非英语专业的学生主要是为了应付英语四、六级考试而学英语，考试通过后就不再关注英语。一些重视英语学习的学生，尽管将大量时间、精力投入英语学习，但在遇到英语母语者时还是不能用英语进行正常的沟通、交流，种种问题存在于我国的英语教学。

我国高校学生英语水平普遍低下与教学方式有直接关系。传统的课程中，往往是教师不停地讲，学生听和记，教师和学生基本没有英语交流；课后，学生也是单纯地背单词、看笔记。这样的教学方式不能调动学生的积极性，不能激发学生学英语的兴趣，学生最终无法提高英语成绩。

1. 受应试教育的制约

应试教育与素质教育不同，它们的本质区别在于考试观念不同。应试教育是传统教育模式的重要环节。应试教育注重考试的选拔功能，如将通过英语四、六级考试作为英语教学的目标，考试通过率的高低成为评价教师甚至学校的标准，这就强化了英语四、六级考试的应试性，使考试失去了提高学生英语应用能力的作用。实际上，学习英语时应该做到听、说、读、写兼顾，尤其要做到多背。虽然英语的语法很重要，但是英语的语感更加重要，要想拥有好的语感，则需要多读、多背。背英语时，不单要背诵单词，还要背诵课文。英语四、六级考试的题型多是选择题，这使得学生将大量时间花费在背单词、语法以及做真题上。学生注重的是答案、结果，且没有时间背诵课文，过分依赖教师的课堂讲解，失去了独立思考、创新以及质疑的能力。学生虽然获得了较多的应试知识和技巧，但是英语交际能力差。此外，传统的英语教学模式是单调、无趣的，课堂上，英语教师简单、机械地单方面传授知识，学生被迫呆板地听讲，教学过程死气沉沉、没有生机。在缺乏沟通、交流的课堂中，学生难以提起对英语的兴趣，也难以提高自身的英语口语能力，最终英语教学效果不佳。

2.教学模式与教学方法单一

当前，我国高校的英语教学模式存在落后、呆板的弊端，这主要体现在两个方面：一方面，我国在英语教学中应用传统的教学模式。在很长一段时间里，我国的英语教学表现为教师在课堂上不停地讲解，学生呆板地听，忽视了教学活动中教与学的关系，忽视了英语教学培养学生交际能力的目标。在英语教学的过程中，教师不仅要教给学生必要的知识，还要引导学生运用所学知识，组织学生阅读或组织一些交际活动。传统的教学模式使得学生过于依赖教师，英语交流能力差，空有高分，不能实际应用，最终形成学生只懂考试、不懂实践的现象。

另一方面，传统教学手段落后、单一。技术的发展与时代的进步促使许多现代化教学手段出现，扩大了学生学习英语的范围。但是在实际教学中，现代化的教学手段并没有得到广泛的应用、取得显著的效果。虽然一些学校使用了网络、多媒体等现代化教学手段，但是最终效果并不理想。其原因有两点：第一，现代化设备数量较少，而学生过多，不能保证所有学生都在多媒体环境中接受教育；第二，教育手段使用者（学校和教师）不重视现代化教学技术，使得这些现代化设备不能发挥真正的作用，不能发挥实践与训练的功能。因此，要想提高学生综合运用英语的能力,就需要创新英语教学手段,改善学生学习环境。

3.教材选择存在弊端

教材的选择影响着教学方法和教学目的,因此,英语教材的选择和设计是十分重要的。当前我国的高校英语教材内容多是文学方面的文章,很少有实用型的内容。改革开放后,社会、经济、文化等方面都快速地发展,英语教学水平却没有提升,尤其是在教材上,教材内容陈旧、跟不上时代的发展,不能满足现代的英语教学需要。

20世纪90年代,我国引进了一些原版的英语教材,并改进了原有的教材设计,但是在选择这些教材时更注重可学性和可教性,缺少实用性,学生在课本中学到的知识在实践中不能被很好地应用,使得英语教材失去吸引力,不能发挥应有的作用。

一本好的英语教材要做到:①教材内容真实、可靠;②教学指导思想优秀;③内容与教学目标相符;④设计合理,包括排版、篇幅、色彩以及图文比等;⑤构成完整,包括师生用书、录音带、练习册等立体化的教材;⑥教学方法先进、科学。

教师作为教材的使用者,可以综合上述因素,提出对英语教材设计的建议,设计适合我国高校学生使用的教材,进而提高英语教学水平。

(二)高校英语教学改革需寻找新定位

随着全国高校教育改革、课程改革的不断深化与完善,高校英语教学的改革被快速推进。最近,我国高校英语教学改革取得了一些成果:①改善了教学方法。在英语教学中,现代化的设备与技术得到应用,计算机与课堂结合教学的新模式形成。②标准建设有了很大进步。③英语教学的师资队伍得到优化,英语教师的整体教学能力和学历普遍提高。④项目建设有了重大发展。财政部和教育部在教学名师评选和教学团队建设中有了好的成效。⑤英语四、六级考试改革平稳推进。

在看到成绩的同时，也不能忽视教改革存在的弊端：①学生学习英语的主动性和积极性不高。②教学模式较为单一，高校学生的英语交流能力差。③英语教师的教学能力和业务水平仍需提高。高校英语教学改革的新目标就是解决这些问题。

究其原因，传统教育理念、思想下的英语教学模式对高校、对英语教育工作者的影响极为深刻，实现英语教育的实质性改革难度较大，对英语教师的教学能力、综合素养要求极高。在多重因素影响下，大量高校英语教学的改革并不能发挥应有作用，相较于其他非语言类学科，英语学科的改革力量更为薄弱，成效相对不显著。

一方面，英语教师人数和英语教学任务总量划分不合理。在高校全面扩招的背景下，我国高校在校学习人员数量呈指数式上涨，同时英语作为大量本科类、专科类高校的基础性课程，教学任务量巨大，导致我国高校普遍存在英语教师数量不足的问题。再加之学生素质的差异，英语教师欲实现英语教学改革，却有心无力的尴尬局面形成。

另一方面，实践教学课时不足。由于高校人数的上涨以及教师人员数量的不足，教师在教学过程中为顾全大局、兼顾更多高校学生的英语学习，被动选择以教师讲授、灌输为主的传统教学模式。学生学习英语最直接的场所就是英语课堂，但是在这样的情况下，教师和学生的英语语言实际交流练习、实际场景模拟练习等实践性教学内容开展频率明显下降，学生在学习的过程中，面对枯燥无味的理论知识和练习题难以提起兴趣、无法产生热情，感受不到用英语交流的乐趣，教师难以将因材施教的方式应用于教学，不能立足学生真实的英语水平，实施有针对性的指导。因此，英语教学的质量和成效难以得到本质上的提升。

（三）课程建设的必要性

课程建设的必要性主要表现在三个方面：

第一，课程建设能够为高校英语教学改革提供新动力。目前高校英语课程教学的问题主要有：①高校英语教学的内容没有实用性和社交性，不能适应经济发展需求，课堂的教学内容不能被应用于毕业后的就业，学生学习英语的动力不足。②英语教学模式老旧，教学方法单一，极少关注学生的主体性、主动性与实践性。③师生都看不到学习英语的意义，使英语学习脱离了社会经济发展。因此，以培养学生英语综合能力和口语交际能力为主的英语课程能够为高校英语教学改革提供动力。

第二，课程建设能够满足新时代的学生对高校英语课程的需求。传统的英语课堂中常出现"教师不停讲、学生闷头学"的现象，这种授课方式不符合现代学生的需求。"00后""05后"的学生是在网络环境中成长的，在生活中的英语交际能力与早些年的学生相比有了很大的进步，但是他们的英语实际应用能力仍比较弱，在双语或全英语授课、原版文献阅读、写论文等方面仍有所欠缺。当前的课程建设提出计算机网络教学模式，着重培养学生的英语综合应用能力。因此，应针对新时代高校学生进行课程建设，制定教学新定位，培养可以综合使用英语的高等人才。

第三，课程建设能够促进教师的职业化发展。学生学习水平的提高需要高质量的教师作为保障；教学质量的提高，依靠的同样是教师质量的提高。近年来，高校英语教师队伍正在建设、发展中，但是高校教师的教学能力与业务水平还没有达到教学改革的要求，一些教师不适应角色转变、知识观念陈旧等问题仍然存在。因此，要建设新的课程体系，更新教师观念，转变教师角色，进而提高高校英语教学水平。

二、高校英语教学模式改革的理论支撑

高校英语教学模式改革的理论基础主要有格式塔理论与联结说理论。在20世纪60年代，格式塔理论发展成认知主义，而联结说理论则发展成行为主义。建构主义是认知主义的延续，但它与认知主义又有所区别，主要的不同点是建构主义注重知识建构的主观性。在建构主义中，英语知识的学习是在一定的历史文化背景中，依靠资料或他人的帮助建构知识的过程。这表明，英语教学并不是教师简单地单向传递知识，也不是学生简单地积累知识，而是学生在教师的引导下，主动建构知识体系的过程。在此过程中，教师是引导者、促进者，学生是主体、主动参与者。建构主义还强调情境创建，主张学生在一定的情境中互相交流、合作学习。在学习英语的过程中，学生要根据原有的知识与经验与他人交流合作，教师要创建相应的情境，激发学生学习英语的热情，使其学会学习，并帮助学生主动建构新的知识体系。

三、高校英语教学模式的改革方向

（一）改变教学理念

中国的高校英语教学已经发展了很长时间，陆续从国外引进了许多教学方法和教学理论，但是由于我国学生数量多以及英语教学资源短缺等因素，许多教学方法与理念都不适合应用于我国高校英语教学，并且有些教学方法与理念只是被口头传播，并没有落到实处。如果引进、研究现代的教育理念，并与我国实际情况相结合，我国高校的英语教学水平一定能提高。

1.改变以教师为主体的教学思想

我国传统的教学模式强调以教师为主体，教师采用简单、粗暴的"填鸭式"

教育方法，不仅效率低，而且浪费时间。这种教学方法忽略了学生的主体性，否定了学生在教学活动中的参与权，抑制了学生的发展，它不符合当前的教育理念，与我国高校教育改革的目标相背离。因此，要改变这种教学方式，强调学生的主体地位，在教学过程中发挥学生的作用，使其参与教学活动，培养学生主动学习的意识，引导学生学会学习。

2. 改变以传授英语基础知识为主的教学方式

在学习英语的过程中，单词、语法、句式等基础知识需要积累，听、说、读、写等应用能力建立在基础知识之上。没有积累一定的基础知识，就不可能有应用能力的发展，但是有了基础知识并不代表就一定会有应用能力。学习英语是为了在实践中运用所学知识。要改变传统的、以教授基础知识为主的教学方式，让学生在学好基础知识的同时提高应用能力，这样才能实现学生的全面发展，培养出符合社会发展需要的人才。

3. 改变"授人以鱼"的教学现状

传统的高校英语教学中，普遍存在注重培养知识而忽视培养能力的现状。然而所有的知识都是伴随社会的发展、时代的进步不断更新的，终身学习的观念已经得到国际的普遍认可。因此，要改变高校英语教学重基础知识传授而轻应用能力培养的现状，只有使学生学会学习英语，才能保障学生的不断进步与发展。学生只有掌握了学习方法，才能在没有教师时自主学习、终身学习，不断提升自我。

（二）创新课堂的模式

传统的教学模式下，由于学生人数多、模式单一等多种因素的限制，教师采用"一刀切"的方式，忽视了学生的差异性和个体特性，这种教学方式不利于学生的个体发展，应进行改进。必须改变传统教学模式，发展新型课堂模式。

1.利用网络进行教学

网络教学可以结合图像、声音、动画等进行,其使教学活动形象生动,可以调动学生学习英语的积极性,激发学生对于英语学习的兴趣,提高学生的主动性。网络教学是由多种方式组成的,如资源检索、实时交际、网络评价等。在网络教学中,教师要加强对学生的管理、监督和引导。

2.革新传统教学

传统教学虽然存在很多问题,但是经过长期的发展和历史的检验,其还是有许多有价值的地方,不能将其全部丢弃。应该在应用创新模式的同时,结合实际情况,改进传统教学,保留其有价值的部分,为学生营造轻松、和谐的英语学习环境,提高教师的教学能力,最终提高高校英语教学水平。

（三）改革评价方式

我国长期以来采用总结性的评价方式,把考试当作高校英语教学的唯一评价方式,这种评价的形式单一,不利于全面、综合评价体系的形成,还会使得学生和教师在英语课程中只重视考试结果,而忽视英语应用能力,不符合高校英语教学模式改革的需求。高校英语教学评价要改变传统的总结性评价方式,发展学生评价结合教师评价、综合性评价结合形成性评价的方式。从学习的本质出发,高校英语教学评价应重视学习过程而不是考试的成绩。教学内容也应该由词汇、语法、阅读等转变为重点培养学生的听说能力和综合应用能力,这使得评价方式由单一的总结性评价向综合性评价转变。传统的评价注重结果,新的评价方式贯穿整个教学过程,会随着教学进程而改变。这种综合性、即时性的评价可以让师生快速得到结果,学生可以快速掌握自己的英语实际水平,教师也可以不断改进、调整教学中的不足。新的评价方式不仅是对学生的考核,还包含对教师各种素质的考核。学校使用这种教学评价方式,可以全面提高教师的教学能力和学生的英语综合能力。

我国的高校英语教学近几年有了显著发展，特别是教学模式改革有了很大进步，学生的英语水平整体得到提高。由于世界交流的日益频繁，我国的高校英语教学模式也不断地进步，为社会发展提供高水平英语人才。

第二节　高校通用英语教学模式创新与实践

一、任务型教学模式

（一）任务型教学模式的含义及特点

1.任务型教学模式的含义

任务型教学模式是由交际法发展而来的。它是 20 世纪 80 年代英语教学研究者经过大量研究和实践提出的一个具有重要影响的语言教学模式，该模式把语言运用的基本理念转化为具有实践意义的课堂教学方式。学生在教师的指导下，通过感知、体验、实践、参与和合作等方式实现任务的目标，感受成功。该模式提倡"意义至上、使用至上"的教学原则，是一种以人为本、以应用为动力、以应用为目标、以应用为核心的教学途径，要求学习者在完成任务的过程中，用目的语进行有目的的交际活动。

任务型教学模式中的"任务"可分为两类：一类是"教学任务"，即学生在课堂上的学习活动；另一类是"真实任务"，即学生在日常生活中做的各种各样的事情。"任务"中的问题不是语言问题，但需要用语言来解决，学习者使用语言并不是为了语言本身,而是为了达到独立交际的目的。

2.任务型教学模式的特点

任务型教学模式是交际法的一种新的形态,是交际法的发展,而不是交际法的替代物;它强调教学过程,力图让学生通过完成"真实任务"而参与学习过程,从而使学生形成运用英语的能力;它虽然强调学生运用英语进行交际的能力,但从更广泛的层面强调培养学生的综合运用能力;它以"真实任务"为教学中心,修正了以功能为基础的教学活动存在的真实性不足的问题;它要求教学活动要有利于学习者学习语言知识、发展语言技能,从而提高实际语言运用能力。

(二)任务型教学模式的实施

1.教学内容的设定

在英语教学中,首先要设定任务目标,即希望让学习者通过完成某一项任务而达到的目标。它可以是提高学习者说英语的自信心,也可以是让学习者解决某项交际问题,还可以是使学习者掌握某一写作技巧等。其次输入材料必须具有真实性,应以现实生活中的真实交际为目标,使学习者在一种自然、真实或模拟真实的情境中掌握语言,使学习语言不再局限于教材。最后要根据教学材料设计相应的多种教学活动。任务的设计要由简到繁、由易到难、前后相连、层层深入,形式是由初级任务到高级任务,再由高级任务涵盖初级任务的循环,并由数个微任务构成一串"任务链",使教学呈阶梯式层层推进。

应用任务型教学模式,可根据不同层次学习者的英语水平创设不同的任务活动,在充分体现以学生为主体的教学理念的前提下,让学生通过与学习伙伴合作、协商去完成任务。整个学习过程充满反思、顿悟和自省,从而可最大限度地调动学习者积极性和主动性,提高他们发现问题和解决问题的能力,发展他们的认知策略,培养他们与人共处的合作精神和参与意识,并让他们在完成任务中体验成功的喜悦，获得成就感，实现自我的价值。

2.设定任务的原则

首先，任务要具有真实性和功能性。在任务设定中所使用的教学输入材料应来源于真实的生活，但"真实"是一个相对的概念，如材料可以来源于教材，但同时教师要创造出一个新的语言环境，并根据学生在该任务中所学到的知识提出一个需要解决的（交际）问题，选择真实性事件或情境作为驱动学生学习的动力性任务，可使学生在完成任务的过程中，运用刚学过的语言知识解决某一情境中的交际问题，也可使学生运用已有的语言知识、策略及技能来探索运用英语的规律。学习者在学习英语的过程中普遍存在着语言脱离语境、脱离功能的现象，即学习者可能掌握了词汇的拼写形式和相应的含义，但不能以适当的形式得体地表达意义。而任务设定的原则是在真实性原则的基础上，将语言形式和功能的关系明确化，让学习者在履行任务中充分感受语言形式和功能的关系，以及语言与语境的关系，从而加深学习者对语言得体性的理解。

其次，任务要具有连贯性。大卫·努南曾提出"任务依属原则"，即课堂上的任务应呈现"任务链"或"任务系列"的形式，每一任务都以前面的任务为基础或出发点，后面的任务依附于前面的任务。换言之，一堂课的若干任务或一个任务的若干子任务应是相互关联的，具有统一的教学目的或目标指向，同时在内容上相互衔接。因此，这样的任务系列就构成一列教学阶梯，使学习者能一步一步达到预期的教学目的。

最后，任务要具有实用性、可操作性和趣味性。英语教学不仅应打好学生的语言基础，更要注重培养学生实际使用语言的能力，特别是使用英语处理日常和涉外业务活动的能力。因此，在任务设计中，要避免为了设计任务而设计任务，任务设计者要根据学习者的专业特点和他们将来就业方向的特点来设计任务，并尽可能地为学习者的个体活动创造条件，利用有限的时间和空间最大限度地为他们提供互动和交流的机会，从而达到预期的教学目的。在英语教学中，普遍存在教学任务多但课堂时间少的现象，因此在任务设计中要尽量避免环节过多、程序过于复杂的课堂任务，必要时可为学习者提供任务履行或操作的模式。任务型教学模式的优点之一就是通过有趣的课堂交际活动，有效地激发学习者的学习兴趣，使他们主动参与学习。因此，要尽量避免机械的、重复的任务类型，设定形式多样化的、趣味性的课堂任务。

（三）任务型教学模式的基本原则与教学过程

任务型教学模式将任务置于教学的中心，它视学习过程为一系列直接与课程目标联系并为课程目标服务的任务，即一种将任务作为核心单位来计划、组织语言教学的途径。努南提出了任务型教学模式的五条原则：①真实性原则；②形式——功能性原则；③任务相依性原则；④做中学原则；⑤脚手架原则——给学生足够的关注和支持，让他们在学习时感到成功和安全。

任务型教学模式的教学过程分任务前阶段、任务完成阶段和语言焦点阶段。任务前阶段包括介绍话题和任务。在这一阶段，教师和学生一起探讨话题，教师着重介绍有用的词汇和短语，帮助学生理解任务指令和准备任务。这一阶段的目的主要是为学习者提供有意义的输入，帮助他们熟悉话题、认识新词和短语，其目的在于突出任务主题，使学习者回忆相关背景知识，减少认知负担。

任务完成阶段包括任务、计划和报告。学生以结对子或者小组活动的形式完成任务，教师不直接指导。学生以口头或者书面的形式在全班汇报他们是怎样完成任务的，他们决定或发现了什么，最后通过小组汇报或者小组之间交换书面报告的形式比较任务的结果。这个阶段为学习者提供了充分的语言表达机会，强调语言的流利性，对语言的准确性不做要求。

语言焦点阶段包括分析和练习。在这一阶段，着重分析课文的语言特点和难点。在分析中或者分析后，教师指导学生练习新的词汇、语法并指出语法系统是极其有价值的。这个阶段的目的在于帮助学生探索语言系统知识，观察语言特征并将它们系统化，从而使学生清晰明了地掌握这些语言规则。

任务型教学的倡导者认为,掌握语言的最佳途径是让学生做事情,即完成各种任务。当学习者积极参与目的语的练习时,语言也被掌握了。学生注意力集中在语言所表达的意义上,努力用自己掌握的语言结构和词汇来表达自己的意思,交换信息。任务型教学追求的是给学生提供大量的、尽可能丰富的内容,让学生明确自己的学习目标,并在交际过程中,合理分配注意力,从而使语言得到持续、平衡的发展。

(四)任务型教学模式的优缺点

1.任务型教学模式的优点

任务型教学模式是对交际法批判式的继承与发展。交际法采用功能—意念大纲来确定教学内容和目标,而任务型教学模式以任务为核心计划、组织教学,制定任务大纲,以完成任务为教学目标。任务型教学模式认为目的语学习的实质条件是真实的语言环境、大量的目的语输入和输出机会以及学习者之间的意义协商,而交际法缺乏语言输入和输出机会。任务型教学法模式利用任务组织教学,为英语学习创造了必要的条件。选择与生活相关的交际任务能够为学习者创造接近实际的语言学习环境,促进完成任务过程中学习者之间的互动、意义协商,并提供大量的语言输入、输出和验证假设的机会,这本身就能够推动学习者语言能力的发展。

任务型教学模式的重要创新在于提出了形式—功能性原则,即让教师与学习者明确语言的形式与语言的功能之间的关系,因此任务的设计注重语言形式和功能的结合。任务型教学模式并非期望学生一次性地掌握课堂中出现的全部语言形式,而是为了引起学生对语言结构知识的注意,使学生形成一定的认识,并将其逐渐整合到发展中的语言系统中,最终形成语言能力。具体地讲,学生通过完成听、说、读、写等任务,对语言进行积极的认知、加工,在感受了语言形式所承载的意义的基础上实现综合语言技能的发展。在教学实践中,教师依据该原则让学生结合特定的语境观察、分析、概括语言的规则,从而改变自己讲解、灌输语法的教学方式；同时使学生更加明确自己的学习目标，并在交际的环境中，合理分配注意力，从而使语言能力得到持续、平衡的发展。

任务型教学模式从人的发展角度设计教学任务。任务型教学模式以任务为分析单位，编制大纲、实施教学，通过任务使语言系统与语境联系起来，把教学的重心从形式转移到意义。它可以让学生在使用语言的过程中学会语言，并为学生创设发现、探索、学习的情境和条件，提高学生的认知能力，从而确立学生在教学中的中心地位。学生通过组织语言、使用语言去寻求答案、解决问题、完成任务，语言系统知识的掌握已不是教学的终极目的，它只是发展学生交际能力、解决问题能力的手段。任务型教学模式体现了沟通与合作、真实性、关注过程、重视学生主体性参与、学用结合等特点，毋庸置疑，它是英语教学模式又一次巨大的进步与创新。

2.任务型教学模式的缺点

任何一个教学模式都是既有好处又有弊端的，任务型教学模式也存在不足以及许多有待解决的问题。首先，任务型教学模式的理论依据主要是第二语言习得理论，强调应把语言学习的重点放在意义上。语言形式虽然也受到一定的关注，但处理方法主要由教师根据主观经验做出判断，是随意且缺乏系统的。其次，任务的选择、分类、分级与排序还存在不少的困难，更谈不上达成共识。因此，要真正做到系统、有序地以任务为中心来开展教学，还得在课程大纲研制、内容的选择、教材编写的层次上下功夫。

二、内容型教学模式

（一）内容型教学模式的基本原则

内容型教学模式表现为运用目的语教学学科内容，把语言系统与内容整合起来进行教学。这种整合观基于对语言教学的认识，只有给予二者相同的重视，而不是将二者分离开来，才能促进二者同时发展。而运用目的语教学学科内容可以较理想地达到整合这二者的目的。其基本原则如下：

1. 教学决策建立在内容的基础上

语言课程的设计者和教材的编写者在设计阶段面临的两个问题是内容（包括哪些项目）的选择和排序（如何排列这些项目）。在传统的教学模式中，教材编写或教学内容通常按照语法由易到难这一顺序排列。如一般现在时比其他时态更易于学习，其在学习中自然处于优先的地位，根据此原则编写的教材及教学内容就会把一般现在时的内容放在初学阶段。然而，内容型教学模式颠覆了传统教学模式中内容的选择和排序原则，彻底放弃了以语言标准作为教学的出发点，而是把内容作为统率语言选择和排序的基础。

2. 整合听、说、读、写技能

以往的教学模式下，教师常常以分离的、具体的技能课，如语法课、写作课、听说课的形式进行教学。内容型教学模式试图在整合听、说、读、写四项基本技能的同时，将语法和词汇教学置于一个统一的教学过程。同样，内容型教学模式反对课堂先听说、后读写的教学顺序。它没有固定的、一成不变的技能教学顺序，相反，它可以从任何一种技能出发。可以看出，这一原则是第一个原则的引申，是内容决定、影响教学项目的选择和顺序原则的具体表现。

3. 教学的每一个阶段都要求学生积极、主动地参与

自交际法产生以来，课堂的中心从教师转向学生，"做中学"成为交际语言教学的基本原则之一。任务型教学模式是交际法发展的分支，它强调学生在完成任务的过程中进行探索性、发现性的学习。同样，内容型教学模式也是交际法的分支，重视学生在参与学习的过程中积极、主动地学习。主张内容型教

学模式的学者认为，学习者还可以在与同伴、同学的交往中获得大量的语言信息。因此，在课堂的交互学习、意义协商和信息收集以及意义建构的过程中，学生扮演着积极的社会角色。在内容型教学模式中，学习者可以承担多种角色，如接受者、倾听者、计划者、协调者、评价者等。与学习者具有多重身份一样，教师也扮演着多重角色，他们可以是学生的信息源，任务的组织者，学习活动的引导者、控制者和促进者，学生学习活动的评估者，等等。

4.学习内容的选择与学生的兴趣、生活和学习目标相关

内容型教学模式的内容选择最终取决于学生和教学环境。因此，在中学阶段，英语教学内容可以来自学生在其他科目如科学、历史中学习的内容。同样，在高等教育环境中，学生可以选修"毗邻"语言课。"毗邻"语言课是两个教师从两个角度教学同一内容，从而达到不同的教学目标的课型。在其他教学环境中，教师可以根据学生的职业需要和一般的兴趣特点选择教学内容。事实上，由于很难确定学生普遍感兴趣的内容，教材的编写者、使用者都很难把握这一原则。但是，由于每个内容单元的教学时间比较长，教师有大量的时间和机会把课程内容与学生的兴趣以及他们已经具备的知识结合起来。因此，让学生对教学内容感兴趣是实现内容型教学模式的重要基石。

5.选择"真实的"教学内容和任务

内容型教学模式的核心是真实性。它既要求课文内容的真实性，又要求任务内容的真实性。一首歌谣、一个故事、一段卡通片都可以作为真实的教学内容，把这些真实的内容放置于英语教学课堂将改变它们原本的目的，使其服务于语言学习。同样，任务的真实性也是内容型教学模式的目标，任务必须与一定的文本情境结合，反映真实世界的实际状况。

6.对语言结构进行直接学习

内容型教学模式将学生暴露于真实的语言环境，目的在于让学生获得运用

语言进行交际的能力。文本形式、教师课堂语言的输入、学生之间的结对子活动以及小组活动都是内容型教学模式的信息源。但是，内容型教学模式认为，必须加强对真实文本中出现的语言结构的注意并进行学习。

（二）内容型教学模式的特点

内容型教学模式旨在将学生尽可能地暴露于与他们直接相关或者他们感兴趣的内容环境。从这个简单的定义中可知，与学生直接相关和他们感兴趣的内容不但包括学生在日常生活中会普遍遇到的问题，而且包括他们学习的其他科目的内容。事实上，更应该合理地将学生学习的学科内容整合于英语教学，以促进学生的思维和语言能力的整体发展。那么，内容型教学模式具有哪些主要特征呢？

首先，内容型教学模式的主要特点在于对"内容"的强调和利用。"内容"可以满足语言教学多方面的需求。一方面，它为英语课堂教学提供了极其丰富的教学情景，教师可以利用这些内容解释语言的具体特征；另一方面，实验证明，富有挑战性的"内容"是成功习得语言的基础。无论是斯蒂芬·克拉申的"可理解性输入"理论，还是维果茨基的"最近发展区"理论，都强调综合的、富有挑战性的、略高于学习者当前语言水平的内容输入。因此，把内容输入置于特殊的地位是当前内容型教学模式实践或实验的趋势。其次，内容型教学模式的内容选择不以教学课时为基本单位。通常教学一个单元的内容都会超出单个课时的容量。事实上，教学内容型教学模式下的一个教学单元往往需要几周，甚至更长。

（三）内容型教学模式的分类

1.主题模式

主题模式通过主题形式来组织教学。这些主题内容主要来自学生学习的其他科目，或者与他们的兴趣和生活密切相关的内容，主题教学是为了实现教学内容、教学方法的突破，解决英语教学中长期难以解决的矛盾。

主题教学模式强调学习语言所表达的意义，但并不忽视对于语言形式的学习。学生通过主题的建构，学习有关社会生活的知识，学习词、短语、句型和语法知识，从而把意义与形式有机结合起来。

实现教师引导与学生自主学习的统一。教师的职责在于创造学生学习的语境，并给予其正确的引导与示范。教师把以主题为中心的认知结构的建构、拓展和深化的任务交给学生，这样就在真正意义上培养了学生的自主性。

在以主题为中心的英语学习中，学生获得了丰富的有关社会、文化和交际方面的知识；在完成围绕主题、话题的交际任务中，学生提高了以听、说、读、写为基础的跨文化交际能力，提高了自身的素质，发展了个性；在自主性的学习中，学生发现了自我价值，实现了自我的超越。英语教学以主题为线索，按主题—话题—细节的步骤，使学生逐步建立起较为完整的、反映主观与客观世界及社会交际需求的知识系统。

2.附加模式

附加模式是指语言教师和学科内容教师同步教授相同的内容教学，但是他们的教学重点和教学目的不同。语言教师的教学重点在于语言知识、完成语言教学目标，而负责学科内容的教师的教学重点在于学生对学科内容的理解。例如，一个英语教师和一个心理学教师都教学心理学内容。其中，英语教师将心理学材料作为英语语言课程的内容，其教学目的是提高学生的英语使用能力，而心理学教师的教学目标是完成心理学学科内容的教学。因此，在英语教师的课上，学生的主要任务是通过对富有挑战性的内容的理解和吸收，较快地理解难度较大的内容，并在教师的指导下，快速学会语言。

（四）内容型教学模式的优缺点

1.内容型教学模式的优点

（1）内容型教学模式中丰富的学科内容能促进学生智力的发展

迄今为止，交际法是最重视英语教学中语言形式和内容密切结合的方法。但是，交际法没有摆脱教学法由来已久的"内容自由"选择的传统，仍然依据语言的功能或者形式选择内容。这样一来，语言本身既充当内容，又是教学的中介，很容易造成课堂内短期的循环现象：教学的中心一段时间在内容上，一段时间在一些具体的语言结构上。但是，不同的内容要求不同的思维方式，不同的思维方式需要不同的教学内容。也就是说，不同的语言内容会引发学生不同的认知过程，单一的、以结构为组织原则的教学不能满足学生学习时认知能力发展的需要。因此，多元的、丰富的学科内容成为语言教学的核心，成为发展学生认知能力的一种选择。随着时代的发展，英语教学的目的越来越趋向使语言教学成为人类发展的重要因素，成为人类思维能力、语言能力发展的条件。沉浸式语言教学的研究表明，在第二语言的学习中，学生认知技能的发展和将学习者暴露于母语环境同等重要，获得语言能力（语音、词汇、语法、语义、功能意义）和认知过程（理解、分析、应用、综合、评价）之间存在密不可分的关系。问题的关键是，不同的思考方式要求不同类型的语言内容。因此，激发学生对丰富内容的兴趣，可以在发展学生思维的同时达到促进其语言能力发展的目的。

（2）丰富学生的高级策略

学生的学习策略会在思维的发展中得到提高。例如，学习推导的策略远比找出同源词难度更高。翻译、重复、惯用语的使用等都是学习者在学习语言早期容易掌握的策略。但是，在语言内容缺乏的环境中，它们常常被禁锢于狭隘的语言结构知识情境，很难发展成运用、监控、推导等高级策略。而掌握这些高级策略才是成功学习一门语言的条件。

有学者研究了语言情境和认知难度对语言学习的影响，发现认知难度大的任务驱使学习者运用不同的思考方式，而且这些任务与情境密切联系。在真实的任务情境中，学生积极参与意义协商，在遇到不理解的信息时，学生会积极提供反馈。在这种情况下，大量的副语言特征和情境信息共同支持学生语言能力的发展。此时，学生得到的支持将最大化。当情境信息减少和认知难度降低时，学生理解和解释语言意义只能依靠语言本身的相关知识，如通过分析句法结构、寻找同源词等。情境丰富的语言学习环境为学生提供大量语言的、元语言的、超语言的材料，它们在学生进行信息加工的过程中意义重大。母语就是在认知难度大和语言情境丰富的环境中习得的。然而，我们的英语学习与母语学习的条件相反，常常处于认知难度低和情境缺乏的环境和状态。因此，其教学效果自然不难想象。

（3）提供大量的支持语言发展的材料

语言的、元语言的、超语言的材料可以大大提高学生对语言的感知力和理解能力，从而加速语言能力的发展。丰富的内容知识可以培养学生良好的学习策略。低级的学习策略，如翻译、重复、背诵等不足以满足英语思维能力发展的需要，高级的学习策略才是语言学习的成功条件。另外，对内容的敏感也会增进学生对语言背景图式知识，以及对语法、词汇等语言系统知识的认识。在对这些知识进行处理的同时，思维能力获得提高，英语教学必须以不同的内容满足人类的多种思维能力发展的需要。内容的多样性在满足人类的思维发展需要的同时也能促进语言能力的发展。可见，内容型教学模式通过发展那些与语言结构相关的思维技能发展语言能力。英语教学模式改革从内容入手，一方面可以增加认知难度，促进学生思维能力的发展；另一方面可以使内容成为发展语言的能力条件，较大程度地符合英语教学发展的总体规律。

2.内容型教学模式的缺点

（1）缺乏实施内容型教学模式的教材

目前，内容型教学模式在欧美国家的实践还处于探索阶段。内容型教学模式由于涉及的方法模式和内容体系相当庞杂，很难形成较为统一的教材。内容型教学模式包括主题模式、附加模式和遮蔽模式，每一种模式对教材、教学程序和教师知识结构的要求都不同。要编写容纳多学科内容、符合不同学科内容的教学规律的教材有很大的难度。

（2）缺乏胜任内容型教学模式的师资力量

内容型教学模式对师资的要求较高。首先，不同的学科内容要求教师也具备相应的知识储备，但事实上，很少有教师可以达到这样的要求。其次，对教师而言，不同的教学模式具有很大的挑战，他们不但需要具备良好的英语教学知识和技能，还要和其他学科的教师协调、合作，才能完成教学任务。这需要他们改变把英语看成同其他学科一样的独立学科的思维定式。很显然，内容型教学模式对师资的要求远远高于其他教学模式。

总而言之，丰富的学习内容是文化的载体，是语言发展的条件，也是人类思维发展的重要组成部分，因此现代英语教学模式要以丰富的学科内容为出发点。为了协调语言内容和意义之间长期存在的冲突，创设内容型教学模式不但可以促进人的整体发展，还能彻底改变以往各种教学模式偏重语言、忽视内容的"两张皮"的做法，改变"为教语言而教学""为工具性目的而教学"的教学法定位，从而走向"为人的整体发展而教学"的转变。

三、整体化教学模式

在高校英语课堂教学中，如何实施整体化教学模式值得探究。在实际英语课堂教学中，应注重贯彻整体化教学模式中的导读、阅读、叙述和讲评四个主要环节，通过课堂实践使英语课堂教学整体化，这是使其区别于传统英语教学模式的一条行之有效的途径。

格式塔心理学者认为，学习应该培养创造性思维，为了达到这一目标，教师要把学习情境作为一个整体呈现给学生,使学生对课本内容形成一个整体概念,而这种整体概念不是通过对个别语句进行分析和分段教学就能获得的,而取决于整体的知觉。在英语教学中,往往是听中有写,写中有读,读中有思,说中有用。所谓整体化教学,就是每堂课都要着眼于培养学生听、说、读、写、译的能力,促进五者之间的"血液流通",锤炼学生的思维,发展学生的智力。

真正的课堂应该是积极思维的"王国",整体教学的目的是探究思维过程。要科学地运用英语课堂整体化教学模式,必须抓好以下四个环节:导读、阅读、叙述和讲评。

(一)导读

导读好比那种介绍背景、人物、故事情节以及高潮的电影预告节目,能使学生对阅读的内容有预先的了解,从而提高理解能力。英语教学中,必须注意文学性,在导读中对于教材中的文学作品的作者、背景等,应该用英语向学生做概括性的介绍。教师要不失时机地介绍他们的生平和所选课文的背景知识,这样做既扩充了学生的知识,又为学生提供了练习听力的有益材料。在此基础上让学生听录音,以激发学生的阅读欲望,提高他们的能力。知识是能力的基础:一个人的知识越丰富,那么他的思维就越活跃,创造能力就越强,阅读能力也会得到相应的提高。

(二)阅读

乌申斯基说:"不是教,而是帮助学。"教师的责任在于组织学生的认识活动,提高学生的自学能力。教师在教学中不仅要给学生以"面包",更要给学生以"猎枪"。对于语言来说,形为意先,意为形用。教师在教每篇课文时,都应该经历一个"先泛后精"的过程——设定阅读目的,利用一课时让学生通读全文,指导他们哪些要略读,怎样猜测词义,怎样找出主题句、过渡句,等等。迅速、正确地理解段落大意是对学生阅读能力的进一步要求,在教学中引导学生用英语说出段落大意，是培养学生分析和概括能力的有效途径。

在整体教学实践中，笔者采用了四步教学方法：在课前指导课文预习；反复阅读整篇课文，逐步理解课文的内容；学习课文的语言结构；运用课文的语言结构。这四个步骤是一个整体，相辅相成。

（三）叙述

爱因斯坦说："一个人的智力发展和他形成概念的方法很大程度上取决于语言。"这是因为语言是思想映射于现实的结果，在运用语言的过程中，学生的思维才能得到启发，语言能力才能得到发展。那么，怎样培养学生的叙述能力呢？

1.模仿叙述

任何创造均始于模仿，模仿叙述是创造叙述的准备。叙述有助于学生理解课文、丰富词汇和提高口头表达能力。采用的方法有：

（1）摘要叙述

启发学生寻找课文的主题句、关键词，抓住课文的主要内容，编写课文提纲。

（2）详细叙述

启发学生变动课文顺序，添加适当词汇，依据课文做详细叙述，在此基础上对课文进行理解性背诵。

（3）简略叙述

启发学生控制叙述字数，浓缩课文内容，限制所学词汇，对课文做概括性叙述。

2.创造叙述

创造叙述是叙述的高级阶段。教师引导学生在叙述中联想，在叙述中创造，启发学生突出作品的关键，续写故事情节。采用的方法有拟人化法、改换体裁法、分配角色法、变换人称法、综合法等。

（四）讲评

教育家苏霍姆林斯基认为，手是思维的镜子，是智慧的创造者。英语学习是实践—认识—再实践的过程。布置和批改、讲评课下作业是教学的重要环节。在布置、批改和讲评的过程中，必须遵循教师的主导作用和学生的主体作用相结合的原则。

美国心理学家布鲁纳告诉我们："发现法就是学习法，就是说不仅要学会寻求知识，而且要动脑筋寻求获得知识的方法。"教师在讲评作业的过程中启发学生发现问题、提出问题，鼓励他们开动脑筋，自己解决问题。教师抓住提示、疏导、设疑、释疑这四个环节，启发学生自己纠错、得出结论，从而逐步减少对学生学习的控制。

学生的作业全由教师收来精细批改并无多大益处，应该采取师生结合批改的方法。可应用学生自改、学生互改、教师评改、共同讨论这四个步骤，对错误进行分析，经过错误识别、错误释义和错误解释三个过程，开阔学生的思路，巩固学生所学知识。

教师在批改作业的过程中，应该养成这样一个习惯：罗列学生的错误，归纳错误类型，然后展示给学生，引导学生自己纠错。引导学生自己纠错的方式包括：

1. 选择纠错

给学生一组似是而非的答案，让学生加以辨析，而后选择正确答案。

2. 综合纠错

罗列学生作业中的错误，而后边讲评边进行系统的概括和复习。

3. 比较纠错

列举几个正确答案，启发学生找出更为合理、更为科学的答案。

学生在纠错中比较，在比较中鉴别，在鉴别中掌握知识。发现问题是解决问题的前提。教师在讲评作业的过程中让学生自己感悟，促进知识的内化，这就是教师发挥主导作用的体现。

导读、阅读、叙述和讲评是贯穿整体化教学模式的四个重要环节。把课文作为一个整体来教学，是符合学校情况的教学方式，教师通过符合学情的教学方式对教学进度进行系统的控制，可以取得最优的教学活动效率。

第三节　创新创业导向下的高校英语教学模式创新与实践

自"创新创业教育"这个概念提出以来，高等院校一直探索可行的教育方式，不但开设了专门的课程，而且就其实施效果来看，也在不同程度上增强了学生的创新创业意识，相应提高了学生创新创业的有关能力。以创新创业为导向进行课程改革是目前教育改革、经济转型的实际需要，也是创新创业教育持续实施的可行之道。

一、创新创业教育对学科课程教学改革的要求

（一）强化模块教学

创新创业教育分为创新和创业两个方面。前者是指人们在实践过程中为解决现实问题而运用的实际能力，后者则是指为创造不同形式的社会财富运用

知识与技能的能力，两者具有内在统一关系。在现代情境下，创新是创业必备的素养，而创业则是创新的具体显现。但无论创新还是创业，其根基都在于知识。

相比以前，现代高等教育课程设置较为灵活与科学，但还是存在一定欠缺。例如，无论什么专业，无论是公共课还是专业课，相互之间缺乏紧密的衔接。开展模块化教学，表面上使各门课程"泾渭分明"，但却使知识体系更健全与连贯。这样更便于学生理解、掌握，融会贯通。比如，如果能从模块教学的角度，为语言类专业的学生开设"社会学科""经济学科"的课程，那么学生在学习不同门类知识的过程中，更易于形成发散思维，这终将直接或间接促进学生创新创业意识与能力的增强。

（二）综合开展实践

创新创业需要多种能力，较强的实践能力不可或缺。非创新创业导向下的高等教育培养出的人才虽理论知识丰富，但实践能力却有较大不足。创新创业人才的培养也因此遇到了很大阻碍，因为创新创业意识与能力均需在实践中提升、强化。

在此情况下，各学科教学均要基于学科特点与学生实际，公共课、专业课均要深挖培养学生实践能力的内容与方式。或许有人认为，像"大学英语"这样的课程，与专业课相比，在培养学生的实践能力方面存在"先天不足"，但其实不然，英语是人文学科，语言是人们生产、生活必不可少的工具。

（三）创新教学方式

实事求是地说，高校开设的许多课程不免有些枯燥。像英语这样的课程，即使实用性较强，但因为长期受到应试思想的影响，教学方式也较为单一。虽然按照国家要求，教师也积极地创新了教学方法及方式，但基本还是围绕英语四、六级考试进行。

相对单一的教学方式不可避免限制了学生的主动思维，当然也不利于创新创业意识与能力的培养。现代信息技术的运用，为各学科创新教学方式提供了更大可能。例如，在大量信息资源、工具融入教学的条件下，课程教学要以问题为导向、以任务为驱动，应用多种教学方式。

（四）强调创新思维及应用能力评价

经过多年教改、课改，高校课程评价体系均已较为完整。多数课程即使不能把判断性评价、形成性评价以及终结性评价融为一体，但至少已把后两者有机地结合在一起。同时，还确立了多元评价主体。但从评价内容、角度及标准来看，学生的反思能力等方面均没有受到重视。

以创新创业为导向的课程教学评价应在多元评价的基础上，强化对学生进行动态管理，把学生对知识的实际运用、解决实际问题的能力融入其中。例如，在高校英语教学过程中，教学翻译模块，引导学生结合专业进行翻译练习，并把学生的情感投入、学习过程及翻译结果纳入考评。

二、高校英语教学与创新创业教育实施的问题

创新创业教育实施的根本目的在于促进学生全面、均衡发展。但从以其为导向的课程改革的原则来看，目前高校英语教学存在的一些问题极不利于创新创业教育的实施。

（一）对实践没有给予足够的重视

多年来，高校英语教育不断地推陈出新，有关改革也取得了一定成果，特别是在"中国学生发展核心素养"提出以后，高校英语教学对学生各方面的素养也给予了一定重视。但在就业时，许多用人单位多把英语四、六级考试成绩

作为衡量学生英语水平的标准,核心素养培养及应有的实践也因此为应对英语四、六级考试让路。于是,教学活动也多围绕语言知识及应试技能展开,语言实践也因此无从谈起。当然,这也与高校英语实践缺乏相应的平台有关。最简单地说,高校英语一般为非英语专业的学生开设,具有较强的普适性,从教材内容编排上来讲,现行通用教材均没有涉及学生的专业背景。在教学过程中,实践没有受到重视妨碍了对学生创新创业方面的教育。

(二)忽视了创新创业意识或能力的培养

相当数量的研究表明,在高校英语的教学过程中,对学生进行创新创业教育并没有受到教师重视。究其原因,这与教师本身缺乏创新创业意识或创新创业能力有很大关系。首先,我国开展创新创业教育的时间并不是很久。在高校开展英语教学的教师,就其年龄来看,在高校中接受过创新创业教育的仅属于少数。其次,即使有一些院校积极地把英语教育与创新创业教育融为一体,但从实施来看,仅限于形式。例如,一些院校在定期举办与英语有关的活动时,理论与实践存在很大脱节。

三、创新创业教育导向下高校英语模式改革途径

(一)制定分级教学目标

多元智能理论表明,人在发展、成长的过程中,智力会朝着多元化方向发展。因此,学校教育在促进人全面、均衡发展过程中,应把开发学生多元智能作为重要内。高校英语现在的教学并不能促进学生多元智能的发展。而且,虽然英语教育在我国中小学阶段已普及,但各地在教育水平等方面仍存有较大差异。加之学生认知等客观因素导致的差异,来自不同区域的学生英语程度存在一定差异。单一的教学目标决定了教学内容、教学方法的统一性,这必定不能

满足学生的差异化要求。在此情形下，原本程度较低的学生没有跟上教师的教学步伐，而程度较高的学生却没有"吃饱"。双方在学习需求均没有得到满足的情况下，便会对英语学习产生消极情绪。除去"实践"，创新创业意识与能力培养的另一根基是"知识"。没有足够的"知识"为支撑，英语"实践"便无从谈起。

所以，为使创新创业实践具有坚实的知识基础，高校英语需确立分级教学目标。为此，早在新生入学军训时，学校应有组织地对其英语水平进行判断性评价，并据此把学生英语水平划分成不同的等级，对每一等级设定相应的教学目标，然后编班分组进行英语教学。需要指出的是，在教学过程中，需不断对学生进行判断性评价，如以半个学期为周期，确定学生依据当前英语水平应进入哪个等级的班组学习。这样，不但可对学生进行差异化教学，而且提高了其学习积极性、激发了其竞争意识。实践证明，这对创新创业教育具有实质性的好处。因为，学生为提高学习成绩，进入程度高的班组学习，不得不创新学习方法，讲究学习方式，这本身已是创新意识与能力的实践。

（二）培养学生自主探究能力

英语是一门实用性很强的教育，且又是人文教育。近年来，在各种教学改革的推动下，"黑板+粉笔"，"单词+语法+句子+语篇"的传统教学模式发生了很大转变。特别是现代教育科技融入后，英语教学方式变化的速度更是超出了人们的想象。这些均在不同程度上提高了学生的英语水平。但从根本上，这些并不利于对学生进行创新创业教育。即使教师的教学方法与手段有了更多选择，教育科技等在实质上只是服务教师的工具或载体，教师的主导地位的确得到了体现，但学生的主体地位并没有得到尊重。课堂上，单词的学习变得更为"新潮"或"时尚"，但不过是运用手机、电脑等按单词表播放音频让学生跟读。多媒体也的确得到了运用，教师只需轻点鼠标、翻页，而学生依然被动地听讲，做笔记。"慕课"等移动课程使教育突破了时空限制，但实质上只是把教室情境下的教学通过可移动的形式再现。这对英语学科知识及语言应用能力的培养起到了促进作用，但对创新创业教育的促进成效却不够明显。

创新创业教育是一种能力教育，以其为导向的高校英语教学在充分发挥目前教学经验作用的基础上，应积极创新形式，以培养学生的自主探究能力。例如，可以以年级为单位组织英语程度较高的高校学生走进小学、企业，对小学生开展志愿者英语辅导、为企业提供英语翻译服务。为提高工作质量，学生便会发挥主动性，自主探究英语知识学习与能力提高。在实践中的学以致用更利于发展学生的创新思维、激发其创业热情。

（三）构建多层次教学内容

为在英语教学中融入创新创业教育，制定分级教学目标，培养学生自主探究能力需要把丰富的教学内容作为支撑。否则，分级教学目标的实现、自主探究能力的培养均要大打折扣。就各种英语实践而言，同样需要以相应的知识体系为基础。例如，参与中小学英语辅导的志愿者需要具备一定的英语学科教学知识；参与企业翻译服务的学生不但需要具备翻译知识与技能，而且需要具备相应的产品知识及专业英语知识。缺乏相应的知识，学生便不能参与一定的社会实践，高校英语课程进行创新创业教育便不能得到贯彻实施。

在此情况下，教师需要在满足学生整体英语学习的基础上，依据学生的差异化要求，充分利用网络资源，开发、设计不同的教学内容，同时把创新创业要求的思维方式、理念及思想有机地融于其中。当然，在开发、设计不同的教学内容时，要以学生为本，尽可能地采取深入浅出的方式，做到通俗易懂，集科学性、合理性于一体。

鉴于英语课堂的时限性，不同内容的教学宜通过"慕课"等移动课程实施。学生可综合个人能力、专业、喜好选择相应的学习内容，并通过实践内化。需要指出的是，为使创新创业与高校英语教学真正有机相融，应定期地组织学生从创新创业的角度，结合个人实践进行书面总结或反思。或许教师无暇予以单独批阅，但可请学生发至所在实践群组平台，学生互相参考的同时也方便教师随机查阅、督促。

（四）打造新型教师团队

高校英语课程是公共课，面向英语之外的专业开设。相较于专业课程，公共课进行创新最大的不足是不能全面地融入专业教学。这在一定程度上是因为英语教师受专业限制，对其他专业尤其是对应用型专业缺乏了解，正所谓"术业有专攻"。

但创新创业教育如果不能与有关专业结合，则会加重学生负担，导致其消极对待，影响其实际教学效果与质量。如果能更广、更深入地将其与学生的专业结合，那么学生不但可以学习英语知识，而且还可以学习与专业相关的英语知识。这样学生的积极性会得到很大提高，创新创业教育的效果也会更好。

为此，需以英语教师为主体构建新型教师团队。例如，在学生从事志愿英语辅导过程中，可随机邀请中小学教师对学生进行基础英语学科教学的讲解。而对于参与企业翻译志愿服务的学生，则可邀请该企业的员工讲解专门的产品、市场等知识，同时，英语教师与学生共同参与对该方面的学习，以提升自己多方面的素养，以便更好地结合英语教学对学生进行创新创业教育。当然，还可与学校中专门从事创新创业课程教学的教师，结合校办企业、社会企业有关人员，立足区域经济发展实践需要，从"产学研"的角度共同构建"英语+专业+创新创业"新型教师团队。

创新创业教育是新世纪高等教育人才培养的重要组成部分，是实现"大众创业、万众创新"的切实需要。高校英语教学模式改革也因此面临着巨大挑战，特别是作为公共课程，与专业实践衔接又不太容易。但同时，高校英语教学模式改革也迎来了重大机遇。各级教学单位的有关人员应以此为导向，在实践中探索切实可行之道。

第四章　新时代高校专门用途英语教学创新与实践

第一节　高校专门用途英语的概念与分类

一、专门用途英语的概念

对于专门用途英语（English for Specific Purposes，简称 ESP），不同学者、专家都给出了不同的定义，其中以迈克尔·韩礼德、麦金托什和斯特雷文斯，达德利·埃文斯和圣约翰，哈钦生和沃特斯，尼克·罗宾逊几位专家的定义最具代表性。

（一）韩礼德、麦金托什和斯特雷文斯的定义

20世纪60年代，著名的语言学家韩礼德、麦金托什和斯特雷文斯在他们合著出版的《语言科学与语言教学》一书中，就专门用途英语这一当时新兴的概念做了如下的阐述说明："English for civil servants, policemen, officials of the law, dispensers and nurses, specialists in agriculture, engineers and fitters.（公务员英语、警察英语、法官英语、药剂师和护士英语、农业专家英语、工程师和技术人员英语。）"。

由此我们不难看出，上述三位专家均认为专门用途英语是英语在各个职业领域中的专业表达。尽管这三位语言学家列举出了使用专门用途英语的领域，但却不足以准确说明专门用途英语究竟是什么。

20 世纪 70 年代，斯特雷文斯明确地给专门用途英语下了一个定义："Broadly defined, ESP courses are those in which the aims and the content are determined, principally or wholly not by criteria of general education (as when English is a school subject in school) but for the functional and practical English requirements of the learner.（从广义上讲，ESP 课程是指那些目标和内容主要不是或完全不是由普通教育的标准，如英语是学校的一门学科，而是由学习者的功能和实际英语要求决定的课程。）"。

斯特雷文斯的定义是普遍被人们接受的一个专门用途英语定义。他认为，专门用途英语和一般用途英语（General English，简称 EG）是截然不同的，甚至是对立的两个概念。专门用途英语教学的目标非常明确、内容十分确定，交际需要占据主导地位；而一般用途英语教学则把英语当作一门普通课程，教授一些通用的语言知识，而不强调任何的特殊要求。

20 世纪 80 年代末，斯特雷文斯就专门用途英语提出了更加详细的定义，其中包含四个绝对特征和两个相对特征。

1.绝对特征

绝对特征包含以下四个方面：
①满足学习者需求。
②教学内容与特定学科、职业、实践活动有关。
③实用语言中的语法（grammar）、词汇（lexis）、语篇（discourse）、语

义（semantics）和语篇分析（analysis of the discourse）等方面是专门用途英语研究的重点。

④与一般用途英语对立。

2.相对特征

相对特征包含以下两个方面：

①可以只培养一种语言技能，如只提高口语技能。

②教学方法不受主流教学方法的限制，可以选取任何适合的教学方法。

从斯特雷文斯的定义中，我们可以看到两个明显的问题。第一，绝对特征的第二条指出，专门用途英语与特定学科、职业、实践活动相关。这一点容易让专门用途英语教师产生一种错误的认识，即专门用途英语的授课内容必须和学科内容有密切关联。然而，专门用途英语教学通常反映某项特定学科的基本概念和实践活动，即在整体上围绕某项学科开展，并非指专门用途英语教学的具体内容都必须和该学科有关。例如，在学术用途英语（English for Academic Purposes，简称 EAP）教学前期，学生常常需要学习文献阅读的技巧。即使学生的阅读材料不与本专业相关，学生同样可以通过这一课程掌握文献阅读的技巧。第二，绝对特征的最后一条指出专门用途英语是与一般用途英语对立的教学概念。事实上，作为英语语言教学的分支，专门用途英语无论是在教学方法上还是在课程设计上，都与一般用途英语有着紧密的联系，两者之间的共同性大于差异性。尽管与一般用途英语相比，专门用途英语在教学内容上有些特殊，但是二者"教"与"学"的过程是相同的，教学理论和方法也都相差不多。例如在专门用途英语教学前期，其提高学习者听、说、读、写能力的教学目的和一般用途英语相同，二者都旨在提高学习者的英语水平，以及满足学习者的学习需求。

（二）埃文斯和圣约翰的定义

在专门用途英语这一概念上，埃文斯和圣约翰指出，其定义应该符合最基本的一点,即专门用途英语教学所使用的教学方法应该与一般用途英语教学区别开来,尤其是在某一特定学科领域的教学中,专门用途的英语教学方法应该显示出自己的独特之处。这一定义重点强调了专门用途英语教学的两个方面:第一个方面体现在专门用途英语教师在与学生交流、互动过程中所扮演的角色问题上。在专门用途英语教学的普通阶段,专门用途英语教师的角色和一般用途英语教师相似,但是在专门用途英语教学的高级阶段,教师充当的角色像是一个语言顾问,为具有专业知识的学习者提供语言上的帮助。第二个方面体现在专门用途英语教学的指向性上。它应该反映其服务专业教学的相关特点,如教学方法、教学内容等。上述观点集中体现了埃文斯和圣约翰对专门用途英语定义的界定。他们同样通过绝对特征和相对特征两个方面进行限定说明。

1.绝对特征

绝对特征包含以下三个方面:
①满足学习者需求。
②反映所服务的某一特定学科的教学方法和实践活动。
③重点研究实践活动语言中的语法(grammar)、词汇(lexis)、语域(register)、技能(skill)、语篇(discourse)和体裁(genre)。

2.相对特征

相对特征包含以下四个方面:
①与某一特定的专业学科有关。
②具体教学过程中,可能和一般用途英语教学方法有所区别。
③课程开设对象没有严格限制。高等教育机构、在职人员都可能成为专门用途英语的授课对象。
④授课对象基本上是业已掌握语言基础知识的学习者,他们大多已经达到中级水平。但初学者也可以参与到专门用途英语课程中来。

由此可见，埃文斯和圣约翰对专门用途英语的定义与斯特雷文斯的定义有着很多的相似之处。不同点在于他们去除了"与一般用途英语对立"这一观念，同时弥补了斯特雷文斯定义中的一些不足及其缺陷。另外，从埃文斯和圣约翰对专门用途英语的定义中，我们可以看出，专门用途英语在本质上是一种教学方式，并不绝对地区别授课对象、限制授课内容。其教学目的在于满足学习者的特殊需求，教学内容通常是和某一特定学科相关的英语语言技能。专门用途英语是一种"思维态度"，这与哈钦生和沃特斯对专门用途英语定义的看法在本质上是一致的。

（三）哈钦生和沃特斯的定义

关于专门用途英语这一概念的定义，哈钦生和沃特斯的观点如下："ESP must be seen as an approach, not as a product. ESP is not a particular kind of language or methodology, nor does it consist of a particular type of teaching material. Therefore, ESP is an approach to language teaching in which all decisions regarding content and method are based on the learner's reason for learning.（专门用途英语应该被看作是一种途径，而不是一种产品。它不是一种特殊的语言或特殊的教学方法，它也不包括特殊的教学材料。因此，它是一种语言教学方式，在这种教学方式下，所有教学内容及方法都是基于学习者的学习目的的。）"。

哈钦生和沃特斯认为，想要确切地知道专门用途英语究竟是什么，就必须先弄清楚学习者为什么学英语。学习者学习英语的需求和动机是确定专门用途英语界限的关键问题。比如，有的学习者是为了解决工作上与外国客人沟通交流的问题，有的则是为了学习外国同行先进的专业知识……无论是何种目的，当我们仔细分析并系统研究了这些需求和动机之后，什么是专门用途英语、什么不是专门用途英语就会一目了然。

上述关于专门用途英语定义的观点，都各有其合理的一面以及不足之处。在此，笔者认为哈钦生和沃特斯有关专门用途英语的定义较之其他人的定义更为准确、合理。

第一，专门用途英语并不是一种特殊的语言种类，它是一种教学途径，而不是一种产品。专门用途英语无论是在形式上还是在种类上，教学方法并没有与其他形式截然不同。虽然，由于语言、文化的复杂性，在某些语境中会有特殊情况出现，但是这只是必然存在于各个领域之间的语言差异，并不能够否定语言的根本共性。

第二，专门用途英语教学也并不是有别于常规英语语言教学的特殊存在，相反，专门用途英语教学恰恰是英语语言教学的一个分支。它在许多教学的基本原则和教学方式上与英语语言教学是统一的，并没有专门的、只适用于专门用途英语的教学方法。例如，学习的有效性这一原则既适用于专门用途英语教学，也适用于其他种类的英语教学，甚至适用于其他外语的教学。专门用途英语与其他英语教学最大的不同在于，它是根据学习者需求的不同而变换教学方法和教学内容的。因此，对专门用途英语教学来说，"需求分析"是决定专门用途英语教学如何开展的关键，是否满足学习者的需求是衡量专门用途英语教学成败的标准。

（四）罗宾逊的定义

关于专门用途英语的定义，罗宾逊与哈钦生和沃特斯有着相似的观点，即：根据学习者的需求界定专门用途英语，也就是"需求分析"。罗宾逊对专门用途英语的定义主要立足两个方面：第一，专门用途英语教学具有以目标为导向的特点。第二，专门用途英语课程设置需要符合学习者的需求，通过分析学习者的需求掌握学习者的学习动机和学习目标，从而针对此需求展开教学。除了这两个主要立足点以外，罗宾逊还阐述了专门用途英语教学的一些特征，如专门用途英语学习者通常是有相同的专业背景或者从事相同工作的成年人，他们具有相似的英语水平、专业知识和语言学习的需求和动机。这就是罗宾逊所说的"同质班级"（homogeneous classes）。

（五）专门用途英语特点总结

在研究了上述学者对专门用途英语的定义之后，我们不难发现，虽然这些定义不尽相同，但是在专门用途英语的一些本质属性方面，专家们达成了一致。

1. 专门用途英语是英语的一个分支学科

专门用途英语常常和某一特定学科或者职业有密切关系，是学习者出于专业或职业的需要而参与的提高英语技能的课程。该课程具有很强的实用性和针对性。

2. 专门用途英语是一种教学途径

在语言学领域中，教学途径、教学方法和教学技术是三个不同的概念。专门用途英语根据特定学生的学习需求来确定教学任务、教学内容、教学方法和教学技术。

3. 专门用途英语是一种多元化的教学理念

现实中的专门用途英语的教学内容、教学方式常常是多种多样的。这一点是由两个主要因素决定的：第一，专门用途英语教学是和专业或职业相关的英语语言教学，这一点决定了专门用途英语教学除了需要涵盖语言知识以外，还要涉及大量的专业知识。因而，在不同学习者的不同需求下，专门用途英语教学内容、形式趋于多元化。第二，不同国家和地区的专门用途英语教学在教育政策、教学重点上存在很大差别，这一点导致专门用途英语教学在实施方式、方案上也趋于多元化。

4. 专门用途英语是一个特定的语言范围

有研究表明，在词汇方面，专门用途英语有一半以上是和常规英语重叠的，并且很多所谓的"科技词汇"往往是一些常规词汇通过构词法派生出来的；在语法上，专门用途英语也和常规英语保持一致。这决定了专门用途英语词汇如果离开了常规英语将不能存在的事实。因此专门用途英语不能被视作一个独立于英语存在的专门语言，而应该被视作现代英语在不同领域的功能变体。

二、专门用途英语的分类

依据不同的标准，学术界对于专门用途英语的分类也不尽相同。其中以"两分法"和"三分法"最为著名。

（一）埃文斯和圣约翰两分法

以职业领域为标准，埃文斯和圣约翰将专门用途英语划分成两种类型：学术用途英语和职业用途英语（English for Occupational Purposes，简称 EOP）。

这里，埃文斯和圣约翰把专门用途英语分成以学术研究为主要目的的学术用途英语和以满足职业需求为目的的职业用途英语。学术用途英语下又有各个学科和领域，而职业用途英语中的行业英语有从业前后的区分。行业前英语侧重培养人员在进入某一行业之前的面试技能，行业后英语则侧重针对这一行业的从业人员进行培训。

另外，我们发现按照埃文斯和圣约翰的分类方法，学术用途英语和职业用途英语在很大程度上是相互联系的。以广告英语为例，它既可以用于广告学专业学生的学术研究，又可以满足广告设计人员的职业需要。

（二）罗宾逊两分法

以学习者的学习经历为标准，罗宾逊也将专门用途英语分成了学术用途英语和职业用途英语两类。而罗宾逊在对这两者的进一步细分方面，与埃文斯和圣约翰有所不同，如图 4-1 所示。

第四章　新时代高校专门用途英语教学创新与实践

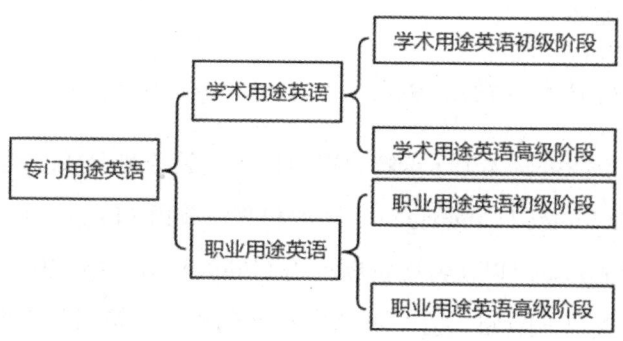

图 4-1　罗宾逊两分法

通过上面的分类图，我们发现罗宾逊基于专门用途英语教学的不同阶段进行划分，这种分类对于专门用途英语教学的课程设置极具指导意义。它可以使专门用途英语教学明确每个阶段的教学任务，避免了专门用途英语教学计划不明确和缺乏针对性。比如，处于专门用途英语初级阶段的学习者只需打好基础，提高专门用途英语语言学习的技巧，而没有必要直接学习专业知识；而处于专门用途英语高级阶段的学习者可以将在初级阶段时习得的语言技巧与专业知识结合起来，提升专业英语水平。

（三）乔丹两分法

20 世纪 90 年代，以英语语言教学为出发点，乔丹提出一种新的两分法。

乔丹在专门用途英语的划分上，与前面二者的划分方法一致。不同之处在于乔丹将重点更多地放在了专门用途英语教学的各个领域和各个阶段上，这种划分方式对以后专门用途英语教学的教学重点和课程设计都有重要影响。

（四）哈钦生和沃特斯三分法

以学科类别为出发点，哈钦生和沃特斯将专门用途英语划分成三类：科学技术英语（English for Science and Technology，简称 EST）、商务贸易英语（English for Business and Economics，简称 EBE）和社会科学英语（English for Social

Science，简称 ESS）。

（五）大卫·卡特三分法

除上述观点以外，大卫·卡特也把专门用途英语划分成三类，即：受限英语（English as a Limited Language）、学术和职业英语（English for Academic and Occupational Purposes）以及特定主题英语（English with Specific Topics）三类。

关于受限英语，卡特认为，一些特定行业的服务人员通常掌握较少的词汇，语法也十分有限，但是却能够在这一领域中准确传达意思，这就是一种受限制的语言。例如，服务人员往往有一套固定的、礼貌的接待话语，对于客户的问题也总是有相应的、比较固定的回答。这样的语言被认为是受限制的语言，这种受限制的语言常常只适用于某一个特定行业或职业，离开了这个环境，使用受限制的语言将无法进行正常有效的交流。

学术和职业英语在前面的分类中基本上被看作两种不同用途的英语。但是卡特认为，学术用途英语和职业用途英语之间没有绝对的界限，在一定时候两者之间是可以相互转化的。例如，一位英语专业的学生在上学期间研究英美文学是出于学术目的，但是当她成为教师教授英美文学的时候，这种研究的目的就转化成了职业目的。正因为可转化性，卡特将学术用途英语和职业用途英语归为一类，认为一切都是为了就业这个目的。

特定主题英语是和未来的某项需求相关的。例如，面试者为了进入外企而进行面试英语方面的练习，或者专家、学者为了参加一个国际性的学术交流会而进行相关的英语准备，等等。这种英语通常都会有一个主题，一切交流都围绕这个主题开展。

（六）专门用途英语分类的共性

除了上述五种主要的分类观点以外，还有其他观点。但无论是哪一种分类，我们都会发现其都将学术用途英语和职业用途英语列为必选项。

在学术用途英语中，科技、法律、医学领域的英语受到极大的关注。同时，其他领域尤其是商业领域中的很多专业学科的学术英语也越来越被人们重视，这一点我们从近几年 MBA 的火爆程度中就可以感受到。

在职业用途英语中，英语在职业中的实用性也被放到了第一位。正是由于职业用途英语实用性的特点，专家、学者们普遍认同将商务英语（English for Business Purposes，简称 EBP）纳入职业英语的范畴。埃文斯和圣约翰认为："EBP is sometimes seen as separate from EOP as it involves a lot of general English as well as specific purpose English, and also because it is such a large and important category. However, a business purpose is an occupational purpose, so it is logical to see it as part of EOP.（由于商务英语涉及很多一般用途英语，同时也包含大量的特殊用途英语，而且商务英语自身也是一个很大、很重要的范畴，因而有时会把它和职业用途英语分开来看。但是，商业目的就是一种职业目的，因此把商务英语当作职业用途英语的一部分也是符合逻辑的。）"。

综上所述，虽然关于专门用途英语的分类观点很多，但我们不能说哪一种分类好，哪一种分类不好。首先，这些分类是立足不同的出发点的，每一种新视角都无疑对专门用途英语教学有一定的指导意义；其次，这些分类对学术用途英语和职业用途英语基本都予以了肯定，认为这两者是专门用途英语教学不可缺少的部分，这个共识的达成也使专门用途英语教学研究向前迈了一大步。

第二节　高校专门用途英语教学需求与存在的问题

一、专门用途英语教学需求分析研究

（一）专门用途英语教学需求分析的定义

1.需求的定义

需求是有机体对一定客观事物的需要，包括人类在种族发展过程中，为了维持生命和延续种族，形成的对某些事物的必然需要；在社会生活中，为了提高物质和精神生活水平，形成的对社交、劳动、文化、科学、艺术等的需要。人的需求是在社会实践中得到满足和发展的，具有社会历史性。对语言学习的需求是人们为了提高自己的物质和精神生活水平而产生的，是随着社会的发展、进步而不断变化的，它直接影响着人们学习语言的动机。

关于英语需求的说法很多，总体上可以分为如下三类：

（1）主、客观交互作用型需求

需求本身不是一个客观存在的现实，它是主观愿望与客观现实交互作用的结果。例如，新闻专业的学生可能希望自己能用流利的英语进行采访，希望母语是英语的资深记者成为自己的新闻英语课教师。这是他的主观愿望，但客观现实是这样的教师很难找到，学校只能委派一位英语教师，或英语很好的新闻专业教师为他授课。所以在现实世界中，他可能实现的"现实需求"是在一位学校委派的教师的课程中，通过自己的努力达到最好的英语水平。在现实世界中，人们头脑中的"理想需求"，往往受到各种限制性因素的制约，不仅学生如此，教师、管理者、政策制定者都只能在各种制约因素中争取效益的最大化。因此，最终成为指导课程设计的那个"需求"，是各方协商、谈判的结果，而不是一个主观发现的结果。

（2）目标导向型需求

需求是学习者完成语言课程后要达到的目标。这个目标可以是学习者自己制定的、希望从课堂上学到的东西，是学习者的期望值；也可以是学习者不知道或不能够用英语完成的事情，是学习者的短缺值；还可以是语言学习赞助机构或社会期望学习者达到的目标。总之，在目标导向型定义中，需求的内容指向了学习目标。

（3）过程导向型需求

与目标导向型需求相对应的是过程导向型需求。过程导向型需求注重研究学习者需要"做什么"来达到语言目标，即学习的过程就是学习者的需求。其实目标导向型需求和过程导向型需求并不矛盾，它们是相辅相成的关系。在课程设计中，必须先有目标导向型需求，然后根据它判断过程导向型需求。没有了目标，过程就无从谈起；而若只有目标没有过程，目标就无法实现。所以只有将目标导向型需求和过程导向型需求有机结合，才能设计出有意义、可操作的课程。

2.需求分析的定义

人们目前还没有找到需求分析的完美定义，在对需求分析定义的不断改进中，人们越来越重视需求分析在课程设计中的作用。我们先来浏览一下具有代表性的需求分析定义，然后再分析在这些定义中，哪些要素是大家共同关注的、是需求分析定义必须涵盖的。

（1）各种需求分析定义

①需求分析是确立一门课程"是什么"和"怎样教、学"的过程，它不是一蹴而就的，而是一个持续进行的活动。

②需求分析是决定一个或一群学习者对语言的需求,并将这些需求按重要性排序的过程。需求分析通过调查问卷、测试、访谈和观察等方式收集了主观和客观的信息。

③需求分析的任务就是为了完成一个既定的目标,明确哪些事情必须完成,哪些事情有助于达到目标。

④需求分析是一系列明确需求、确定需求有效性以及对需求重要性排序的过程。

⑤需求分析指系统性地收集和分析所有主观和客观的信息,这些信息对于定义和明确既定的课程目标是必需的。而课程目标是为了满足学生在特定情境下的语言学习需求,这些特定情境会影响教和学的情境。

(2)定义中的要素

第一,需求分析是一个怎样的过程。需求分析并不是一个一次性的活动。它并不只是在课程设计之初对课程设计进行指导的一次活动,而是一个根据学习进展情况定期、反复执行的,不断为教学提供反馈信息的活动。因为在课程开始前,各方人士对需求的认识可能只是自己头脑中的想象,还没有和现实结合:教师在此时还未接触学生,根据以往教学经验做出的判断可能会有偏差;而学生还未接触课程,对课程的认识也可能是理想化的。所以随着课程的进行,教师、学生、管理者都会用更现实、更切合实际的角度来看待需求的问题。因此,需求分析应跟随课程定期进行。

需求分析是一个对各种需求按有效程度从高到低排序的过程。当我们进行需求分析时,必须面对的一个问题是每个学习者的需求千差万别,同时教学情境也处于不断的变化之中,所以有必要对于需求的有效性进行甄别。需求成为有效需求的条件有两条:一是能客观、正确地综合反映各方对学习者的目标要求;二是该要求必须能在现有条件下得以满足。简单地说就是目标正确、过程可行,否则就不能成为有效需求。挑选出有效需求后,还应当依据需求的重要性和可执行性排序,这样在课程设计时才能首先满足那些重要的、亟须满足的需求。

第二，在需求分析中应收集哪些信息。需求分析收集的信息是指从信息源处获得的信息，它分为与人相关的信息和与事相关的信息两大类。与人相关的信息包括学习者的学习风格和策略、师资力量、管理者态度等。与事相关的信息包括学习者的语言需求、专业知识需求、目标情境背景知识需求、教学情境分析等信息。只有综合了这两方面的信息，才能保证需求的有效性和可行性。

第三，在需求分析中收集信息的渠道。需求分析和其他的分析有很多相似之处，通过调查、问卷、访谈、测试等手段收集信息。其目的是收集到各种与满足需求目标有关的主观和客观信息。在应用各种信息收集手段的过程中，应时刻重视信度和效度的指标，否则收集的信息便会没有分析价值。

综上所述，我们可以把需求分析定义为：针对一个既定的学习目标，在课程设计的不同阶段，根据各种信息源，利用各种调查手段，获取在现有条件下怎样才能成功完成学习目标的信息的过程。这一过程可以反复进行，需要对需求的有效性加以甄别，并对需求的重要性进行排序。

（二）专门用途英语教学需求分析的分类

关于需求分析的分类众说纷纭，各种分类方式都有，但总体上我们可以归纳出四个标准，并依据标准给需求分析分类。

1. 差距型标准

差距型标准即发现现实与理想的距离，这个距离即需求。如哈钦生将需求分为目标需求和学习需求。目标需求是学习者在目标情境中需要做什么，是理想状态的需求；学习需求是学习者需要做什么才能达到目标需求，才能达到那个理想状态，即弥补现实与理想的差距。哈钦生的目标需求中有三个重要概念——"客观需求"（necessities）、"客观缺乏"（lacks）和"主观需求"（wants）。

（1）客观需求

由目标情境决定的需求。学习者必须理解这些需求，才能在目标情境中有效地完成任务，如商人要理解商业信函，记者要参加新闻发布会等。

（2）客观缺乏

目标情境中的客观需求与学习者现有水平的差距就是客观缺乏。这是不以教师和学习者的意志为转移的，也是学习者需要学习和弥补的内容。

（3）主观需求

虽然可以通过各种手段测量目标情境中的"客观需求"和"客观缺乏"的存在状态，但学习者想要的东西——"主观需求"却可能和教师、课程设计者、管理者的期望有所不同，他们也许并不想学习"客观缺乏"的内容，而是学习他们感兴趣的内容。例如虽然学习者实际运用听力技能的场合非常有限，但他们都认为听力技能很重要，都想学习听力技能。所以他们的"客观缺乏"可能是阅读技能，但他们的"主观需求"却是听力技能。在现实中，学生出于不同的学习目的，"主观需求"往往与"客观缺乏"有差异。

因此，具有实践意义的学习需求应该是"客观缺乏"和"主观需求"的整合，既包括"客观缺乏"中最为重要的要素，又考虑到与学习者切身利益相关的"主观需求"。课程设计者只有依据这样的学习需求，才能设计出既能满足社会需要，又能调动学生积极性的课程。

2.需求主体标准

从理论上说，在需求分析过程中，有多少个参与方，就有多少种需求。如学习者需求、教师需求、官方需求、社会需求、赞助商需求等。在实践中，学生需求和教师需求往往是最关键的，因为他们是课程的主要参与者。而其他需求会通过各种渠道对这两种需求施加影响，所以真正指导课程设计的需求应是各方需求相互妥协的结果。但在妥协的过程中，学生需求和教师需求应占主导地位，其权重应大于其他需求。

3.需求用途标准

需求分析可以根据用途的不同，分为工作需求、学习需求、考试需求等。如果课程的目标是进一步学习深造，或是提升现有的学习质量，则是学习需求；如果课程目标是提高在未来工作中的能力，那就是工作需求。各类学科的学习需求有相当多的共性，如记笔记、阅读资料、写论文等，所以学术英语主要为满足学习需求而开设，可以应用于许多不同的学科。而工作需求的共性较少，个性较多，只有熟悉本行业工作的人，才能出色地完成工作需求的信息收集和分析工作。根据不同用途需求的特点来设计课程，能够加强针对性，提升学习效率。

（三）需求分析理论对于高校专门用途英语教学的意义

1.需求分析是进行课程设计的基础

需求分析是系统化的教学大纲建设中不可缺少的一环。需求被确定下来后，教学目标也随之被确定下来。它可以作为考试、教材选择、教学活动和评价策略的基础，也可以被用于二次评价需求分析。合理的需求分析是系统化的语言课程大纲中的诸多方面有效开展的基础，检验目标和过程及检验需求分析的应用，为深入探讨课程大纲奠定了良好基础。哈钦生和沃特斯指出，需求或需求分析同学习者的学习动机之间的关系是"如果学习者、负责人和教师知道学习者为什么学英语，这种认知就能影响人们选择易于接受的、合理的语言课程内容"，其积极的意义就是开发学习者潜能。

国内的专门用途英语专业有商务英语专业、旅游英语专业、法律英语专业、涉外秘书英语专业、外贸英语专业等。针对不同的学习对象，需求分析显得尤为重要。这里总结了需求分析对我国英语学习的重要作用，共有四点：

①为制定英语教育政策和设置英语课程提供参考。

②为英语课程的内容、设计和实施提供参考。

③为英语教学目标和教学方法的确定提供参考。

④为现有英语课程的检查和评价提供参考。

2. 需求分析有助于教师改进教学方法

需求分析除了对课程设计具有重要意义外，对于教师改进教学方法、提升教学效果也有重要意义。需求分析的关键是找出学习者现有的语言能力和某一专业知识水平与他们所期望达到程度之间的距离，以使教师能将精力投入最需要重视的方面。英语课堂上有不少问题源于教师对学习者的兴趣和需求关注不够，他们没有意识到学习者应是他们搜集信息的重要来源。需求分析可以使教师对于课程最终所要实现的目标有一个清晰的印象，而对于教学目标的清晰把握可以消除教师教学的盲目性，提高教学效率。

3. 需求分析有助于提高学习者的学习积极性

一方面，专门用途英语的需求是教师和学习者所共同意识到的，是可以明确罗列出来的，而且他们的这种意识会直接影响整个教学过程；另一方面，通过需求分析，学习者也会因回答需求分析的各种问题而逐步明确自己的学习目的，而帮助学习者明确学习目的可以使他们最大限度地参与教学过程，参与课程安排、教材选编和课堂教学的互相配合，从而调动学习者的兴趣和积极性。而随着学习者越来越多地参与课堂，他们对于课程的态度和学习方法也会不断变化，学习效果也会不断提高。

二、高校专门用途英语教学存在的主要问题分析

（一）师资力量有限

高校专门用途英语教学需要全面、综合型的教师，不仅要求教师充分了解

与掌握专业知识，还要求教师具备高超的语言应用能力。当前，我国高校从事专门用途英语教学工作的教师大部分是英语专业教师或是专业英语教师，他们属于知识结构较为单一的语言人才，往往只注重语言的具体功能。英语专业教师虽然有着扎实的英语专业基本功底，了解语言学习的规律，且具有多年丰富的教学经验，在讲授基础英语课方面具有绝对优势，却不具有相应领域的专业知识与实践经验，专业英语教学缺乏深度与广度，在专业知识的拓展或教学方式上，都很难满足当代高校学生及课程改革的要求，进而在一定程度上影响了教学质量。而专业英语教师虽然具有拥有丰富专业知识与教学经验的主要优势，可大多数对语言教学比较陌生，对于基础性的教学内容掌握不够。

（二）教材开发不足

高校专门用途英语教学的现实性准则要求课程所使用教材及课堂活动安排应符合有关专业在实践中的现实情境。对于具体学科所使用的主要教材，首先要确保其权威性与完整性。但纵观当前我国各大高校专门用途英语课程教材的使用情况，其教材绝大多数是由本校教师团队自己编写的，并没有通用型教材，或是高校间合作编写，教材的选择标准也各不相同。市场上所出售的教材通常都只重视对知识的简述，而对应的训练还停留在基础语法、单词等单一语言知识点方面，离不开阅读与翻译等传统模式的约束，无法切实有效地提高学生在有关专业上的实际应用能力。虽然部分高校组织教师编写教材，但教师在编写过程中，只是较为片面地从网络或是相关类型书籍中摘抄某些内容并将其组合到一起，并没有科学合理地按照专门用途英语课程的特点来编写教材。教材的不足将直接阻碍专门用途英语教学的顺利实施，从而使教学无法达到预期效果。

（三）教学方式落后

专门用途英语教学中的需求研究以及以人为本的原则是其重要基础。由于对专门用途英语教学主体的学习需求与职业需求的分析不够深刻，一些高校开设的专门用途英语课程的教学目标通常与实际需求存在较大差距。例如，作为基础英语构成内容的听、说、读、写、译能力，被许多高校设为专门用途英语的教学目标，这样不恰当的定位，违背了该课程的需求研究原则，追求统筹兼顾但效果却大打折扣。当前，较为常见的专门用途英语教学模式依旧是落后的阅读、翻译、单词灌输等，教师的讲解单纯地限定为教材中的单词及语法运用，以人为本的准则并未真正落实到实际教学行动，学生的自主性、实践性因而受到限制，阻碍了其个性化的发展。具体的实践情境、实例分析等创新性的教学方法并未广泛应用于专门用途英语教学。

此外，专门用途英语课程在各大高校定位的不同也导致其教学方法无法与"互联网+"时代和信息化时代同步。某些高校将专门用途英语作为选修课程，有些高校将其作为必修课程，课程设定较为随意。与此同时，课程通常依据英语教师的研究方向和爱好开设，如科技英语、英美文化、计算机英语、财会英语、医学英语等课程，涵盖多个社会领域，而各个行业有着其自身的详细需求，多数课程没有针对性，没有实现按照不同需求来选择教学方法。

（四）教学评价片面

构建课程评价体系能够验证课程是否真正为学生提供了优质的教学服务及环境，总结教学过程及人才对社会的价值。当前，高校基础英语教学的评价体系相对较为完善，英语的各等级资格考试是检测学生掌握英语情况的主要参考指标。专门用途英语课程却与其他英语课程有着本质上的区别，需要根据其课程特点以及学生学习的整体情况重新建立全面、公正的创新型评价体系。可到目前，许多开设专门用途英语课程的高校并未真正建立相应的科学评价机制，评价指标也较为模糊。高校内部专门用途英语课程的评价方法也均不相同。各种评价方式整体只停留于形式，很难做到真正的生生评价、小组互评等。由于教学评价指标的不同，教师与学生在实际教学中态度及情绪较为懈怠，没有全身心地投入自身工作或学习，这必然会对教学效果产生不良影响。

第三节 专门用途英语课堂教学改革

课堂教学之于专门用途英语教学目标的实现意义重大。前面我们讲述了专门用途英语课堂教学存在的种种问题，这些问题无不影响了课堂教学效果的发挥，对整体教学目标的实现形成了阻碍。因此，本节内容将致力于研究国内专门用途英语课堂教学改革，以期收到良好成效。

传统的英语教学模式是基于行为主义理论的、以教师为中心的教学模式。这种教学模式过于强调知识本位而不是以学习为最终目的，过于重视外在的机械操练而忽视了内在的信息加工过程，过于强调教师的灌输而忽视了学习者的主动建构。

建构主义学习理论则认为学习不是由教师构建的，而是由学习者本身构建的。学习是一个原有经验与目标经验同化与顺从相互作用的过程。学习者能够利用一定的学习资料，在教师、同学的帮助下，参与人际间的协作活动并实现学习的意义。因此，我们应该充分发挥学习者个人的主观能动性，遵循"以学生为中心"的原则，采取一切有利于专业英语学习的方法和策略来实现课堂教学的最终目的。

以学生为中心的专门用途英语课堂教学改革基本思想是建立明确的专门用途英语教学目标，通过科学、有效的教学方法和教学手段实现这一目标。这就要求课堂教学的一切活动要围绕学生的学习状况展开，以"必需为主，够用为度"为指导思想，提高学生的自学能力和交际能力。

一、课堂教学目标改革

专门用途英语课堂教学改革要从教学目标的改革开始，制定明确的、可行的教学目标。

在此,我们需要注意的是,专门用途英语的教学目标不是凭空想象或者教师主观臆断的,而是基于学生学习需求而建立的;教学目标不是传授专业知识,而是培养学生在专业领域内的语言交际能力。这就要求学生掌握与专业内容相关的听、说、读、写、译等基本技能,最终实现以英语为工具获取信息并进行专业知识交流的目的。因此,课堂教学应该注重培养学生语言运用能力,注重语言实践,通过实践让学生获取直接、有效、真实的经验。值得注意的是,重视实践并不意味着抛开词汇、语法、篇章和体裁等基本知识,而应该在这些语言表层知识的基础上,增加对语言技能的训练。

专门用途英语的具体培养目标是:通过专门用途英语的学习,学生能够听懂使用英文教授的专业课及讲座;能够读懂并翻译专业领域中的英文文献;能够用英语进行专业学术或应用文章的写作;能够用英语进行学术交流、参与讨论和主题发言等;能够用英语解决专业领域中的交际问题。

二、教学法改革

虽然国内现行的语法翻译教学法存在很大缺陷,但并不意味这种教学方法已经过时,而是说它与不断变化的市场需求存在一定的差距,但在某些方面仍不失为一种简单有效的方法。因此,专门用途英语教学应该在语法翻译教学法的基础上设计和开发多种教学方法和教学活动,从而完善教学法体系,使教师综合运用各种教学方法,在不同的情况下选择有针对性的教学方法,达到阶段与整体的统一。

(一)语域分析教学法

众所周知,同一个词在不同的学科领域往往具有不同的意义。这种差别性就是专门用途英语的语域特征,并通过词汇、语法、语气、情态以及交际形式等因素反映出来。如 solution 一词的常用词义是"解决办法",但在化学、法律、数学和机械工程学中,其词义各不相同。①化学:药物的溶解、疾病或危机的终止。②法律:对索赔或债务的支付或清偿。③数学:方程的唯一值。④机械工程学:通过加热溶解、熔化、蒸馏。

由此可见,语域对专门用途英语的影响是十分显著的。因此教师在专门用途英语课堂中教授语音、词汇、短语、句法、时态及情态等语法项目时,应将它们与特定语域联系起来,分析它们在某一特定领域中的特殊含义。

(二)体裁分析教学法

体裁理论是专门用途英语教学的重要理论基础之一。因此,建立在体裁分析上的教学法对课堂教学也颇具指导意义。通过语域分析,即情境语境的分析,学生能够掌握在具体情境中使用语言的方法;而通过体裁分析,学生能够掌握特定类型的语篇中语言的逻辑层次,从整体上把握目的语的结构框架。可以说,体裁分析是语言分析的更高形式。语篇、情境语境、文化语境三者之间的关系是体现和被体现的关系。

不同领域的专业英语语篇不仅具有独特的语域特征,还具有独特的体裁特征。即便是在同一学科领域内,语篇的体裁构型也会因为交际目的的变化而不同。秦秀白指出,体裁分析教学法的目的在于让学生认识到语篇的意义所在,即语篇不仅是一种语言建构,还是一种社会意义建构;让学生掌握特定体裁语篇所具有的特定篇章结构和交际目的;让学生通过掌握语篇图式结构,来掌握语篇的建构过程,最终帮助学生撰写同类体裁的语篇。

(三)交际教学法

哈钦生和沃特斯在其提出的学习原理中指出,语言学习是学习者主动参与的过程。建构主义理论的观点也与此一致,并强调,通过人际间的协作活动,学习才得以实现其意义。作为语言教学的一部分，专门用途英语教学的首要目的在于培养学生的语言运用能力，即交际能力。这一点和其他语言教学是一致的，不同的是专门用途英语交际能力的培养是限定在某一专业领域之内的。

交际教学法注重的是学生语言运用能力的培养，并把语言当作交际的工具，让学生在交际中获得语言技能。专门用途英语教学目的的特殊性要求教师根据各个专业的语言特点，通过语言的实际运用让学生掌握交际所需要的技能。交际活动可分为两类：利用语言分享信息和运用语言加工信息。这些交际活动都以学生为中心，采取结对或小组形式开展。

1.交际教学法原理

20世纪80年代，莫罗提出以下五种交际教学法原理：

①整体大于部分。交际教学法所使用的语言是句子以及真实话语。

②明确学到的知识。每节课结束的时候，教师应该让学生清楚地了解他们在这堂课中学到了什么以前不知道的知识。

③过程和形式同样重要。学习者需要尽可能地"复制"交际过程，这一过程主要包括以下两个方面。

a.信息差（information gap）。信息差是整个交际教学法领域中最根本的概念。现实生活中的语言交际的目的就在于填补信息差。

b.选择（choice）。参与者进行选择是交际的另一个重要特征。这种选择不仅在于说话的内容，还在于说话的方式。学生要在有限的时间内做出上述选择。

④在实践中学习。学习效果的好坏最终取决于学生本人。虽然教师可以提供建议、指导，但学生只有接受并利用了教师的帮助才能够获得知识。因此参与活动、通过实践学习是学生掌握相关技能的最有效的办法。

⑤正确地认识错误。课堂教学中，并非对每个错误都要加以纠正。为了发展学生的交际能力，我们在不同阶段应该灵活处理学生的各种错误，以保证学生学习的积极性和创造性。

2.交际教学法的目的及影响

在同一时期,威廉·利特尔伍德研究了交际活动的目的及其对语言学习的影响:

①交际活动有助于训练所有技能。

②交际活动有助于自然学习。

③交际活动能够增加学习动机。

④交际活动能够创造有利于学习的语境。

3.交际练习的原则

约翰森提出了典型交际练习的五个原则,并通过以下几个方面来实现:

①信息转移(information transfer)。学生一边阅读信息,一边提取数据填充表格。

②信息差(information gap)。在小组和结对学生中,一个学生将已知信息通过不同的练习方式传递给另一个学生。

③拼图(jigsaw puzzles)。学生采取合作式的学习,即小组中的每一位成员只负责小组活动的一部分,最后大家将各自负责的部分整理出来并拼凑完整。

④任务依赖(task dependency)。第一个任务的完成是第二个任务实现的基础,例如学生在听、读一些信息之后才能整理这些信息并做口头或书面报告。

⑤纠正内容(correction for content)。对学生话语输出的评定标准应该依照特定任务的交际有效性而定。例如"描述和描绘"(describe and draw):一个学生向另一个学生描述一个图表,后者根据前者的描述重新绘制这个图表。

在实际的教学实践中,交际练习的方式多种多样:角色扮演、小组讨论、竞赛、游戏和案例研究等。其中,案例研究最受青睐。

哈钦生指出,案例分析能够通过一个具体案例,将学生带入特定的事件,充分提高学生的参与程度,创造良好的交际氛围。这种教学方法能够再现真实的交际活动,因而具有较强的现实性。其基本步骤为:精选案例、描述案例、案例分析、案例总结及案例报告的撰写。另外，专门用途英语课堂活动中的案例经常包含许多真实的、复杂的、有争议的问题。这种具有争议的问题并没有标准答案，学生通过小组讨论自由发挥，不会被禁锢思维；学生能够最大限度地参与论辩和劝说，在交际过程中准确提升语言技能。

（四）任务型教学法

任务型教学法由维果茨基提出。这一教学方法旨在把语言应用的基本理念转化为具有实践意义的课堂教学模式。其教学目的在于让学生通过语言运用来完成任务。任务型教学法的优点在于它能够为学生创造良好的语言实践机会，从而充分调动他们学习的积极性，培养他们分析问题、解决问题和独立思考的能力。

1. 大卫·努南的研究

大卫·努南认为，交际任务是一项课堂工作，包括学生对目的语的理解、操作、创造和互动。他们的注意力应该集中在语言的意义，而非语言的结构。20世纪90年代，努南指出，任务型语言教学将真实的语言材料引入学习环境，为学习者提供语言学习环境。在这个过程中，学生的个人经历成为课堂学习的重要资源，并与课堂和课外语言学习连接起来，从而达到运用语言的目的。另外，努南还总结了任务型教学法的5个特点：

①强调通过交流，学会用目的语交际。
②将真实语料引入学习环境。
③学生不仅注重语言的学习，还注重学习过程。
④将学生的个人经验当作课堂学习的重要资源。
⑤将课堂内的语言学习与课堂外的活动结合起来。

2.菲利普斯的研究

20世纪80年代初,菲利普斯提出了任务设计的原则:

①真实性。所学习语言必须是在专业领域中实际运用的,为此,教师应该创建真实的语境。

②现实性。任务难度应该和在专业领域中需要完成的任务难度一致。

③意义性。设计的任务必须是某一专业领域所需要完成的。

④对错误的容忍度。只有造成交际差错时,内容和形式不当的错误才被认定是不可接受的。

3.威利斯的研究

20世纪90年代中期,威利斯把任务型教学法的实施分为三个步骤:

①任务前(pre-task)。教师介绍学生不太熟悉的话题,学习、复习和任务相关的语言,布置学习任务并使学生明确任务的目标。

②任务环(task-cycle)。首先,学生结成对子或分小组执行任务;其次,各组学生以口头或书面的形式向全班报告任务完成的情况,教师不仅要告知学生报告的目的,还要以"语言顾问"的身份帮助学生解决问题;最后,学生报告任务完成的情况或交流书面报告。

③任务后(post-task)。教师帮助学生分析任务完成过程中出现的问题及其原因,引导学生进行相应的练习。

4.国内学者的研究

除了上述外国学者的研究成果以外,国内也有不少学者针对专门用途英语教学中的任务型教学法专门撰写文章加以研究、说明。例如蔡莉在论文《建构主义学习理论指导下的商务英语口语教学》中,以保险为例,介绍了任务型教学法的操作步骤:

①教师利用多媒体让学生接触示范语料,并讲解语言特点,然后通过提问

了解学生对该语料的掌握程度,并补充适当的练习。

②教师布置任务。要求学生做关于瓷器进出口保险的谈判演示。谈判的背景应由学生设定,并要求学生自己假设瓷器的数量、贵重程度,从而决定货物的价格、运输及包装方式。通过这种方法,让学生掌握实际语境中的语言使用方式。

③学生分工查找和归纳语料。对象为为瓷器投保的客户和给瓷器承保的保险公司。通过多种渠道搜集信息,最后确定投保公司(必须是国内保险行业真实存在的公司,以尽量确保语境的真实性)。

④小组成员查找、整理、分析相关资料,共同设计情境,并为课堂谈判演示做准备。通过这种方式,学生不仅把课堂上的学习内容和实际联系起来,还建立了新的经验体系及其与原有经验的联系,从而完成了意义的建构。

由此可见,任务型教学法的目标在于语言习得、专业知识习得。它为学生提供了大量接触、运用语言和专业知识的机会,并能够激发学生的学习积极性,建立和谐的师生关系,最终从根本上改变学习方式和效果。

第四节 "双创"导向下的专门用途英语专业课程体系与教学模式构建

"大众创业、万众创新"的提出,为我国经济发展及改革指明了方向,也为培养高等教育人才提出了时代的要求。在此背景下,专门用途英语(ESP)应以"双创"为导向,对目前的课程体系设置进行调整,改革目前的理论教学与教学实践的模式,构建集理论知识,专业技能,创新创业意识、能力培养为一体的综合培养体系，真正培养出满足社会实际需要的人才。

一、"双创"背景下 ESP 专业教学存在的问题

多年来，出于时代的需要，我国不同层次的教育均在实施"课改""教改"。但在"大众创业、万众创新"提出之前，人们无论是在生产、生活，还是在学习方面，均对创新意识与认识能力不足。"双创"的提出，更凸显了我国各个领域在此方面的欠缺。就 ESP 专业来说，大致存在以下一些问题：

（一）对"双创"缺乏足够的认识

就意识与能力而言，创业、创新彼此间相互独立而又紧密相连。但要把创新的意识转化为能力，需要学生具备相当高的素养，要求学生可以接受、吸收新兴观点，要有极强的原创、求真意识与精神。从这个方面讲，这与我国多年来一直倡导的素质教育相辅相成。但就目前的 ESP 课程体系设置与教学模式来看，各有关院系多以创新创业设计比赛、搭建有关"双创"教育课程等为中心。"双创"与 ESP 专业课程体系设置、教学模式构建的融合较为浅层，缺乏深层次的认识。

（二）"双创"与 ESP 专业教育远未实现有机相融

在不同领域，"双创"的内容与方向有很大差别。但对专业人士来说，其接受的专业教育是创新、创业的根本。ESP 专业教育虽说目前并不以考试、考级为本，而且也在课程体系与教学中增加了相关的教学实践，但创新创业意识的提高及能力的培养并未融入日常教学。加之目前从事 ESP 专业教育的教师多以中年教师为主，即使部分教师是青年教师，但整体来讲，他们本身的创新创业意识也较为淡薄。

（三）"双创"教育教学能力存有欠缺

随着"终身学习"的提出以及高等教育快速发展，即使在不同层次的高校，中青年教师基本上为硕士或以上学历。但在 ESP 专业授课及实践中，教师的教学能力仍有一定的欠缺。首先，ESP 专业是一门应用性很强的学科，其实际工作需要知识、技能不断更新。其次，当前 ESP 专业过于宽泛，学生的职业、行业需要的核心能力无法得到培养，教学与实践存在着"人岗不适"的现象。这种实际情况客观上决定了以"双创"为导向的教学的欠缺。尤其是当前绝大多数从事 ESP 专业教育的教师均未受过正规的、专门的"双创"教育或培训，大部分人更没有这方面的实践经历，这进一步导致了他们"双创"教育教学能力的欠缺。

（四）"双创"情境下 ESP 专业教育教学实践考核机制滞后

我国教育长期以"应试教育"为中心，过去的高等教育也是如此。由于受到这种落后的传统教育体制的制约，ESP 专业相关教育教学及实践考核存在很大的欠缺，滞后性较为明显。虽然近年来，高等教育机构均不再把"终结性评价"作为考评的唯一方式，而是采取"形成性评价"与"终结性评价"相结合的多元考核体系，但在真正考核时，教学实践更多地流于表面，而且，理论研究多于实践研究。整个考核体系与创新、创业疏离，存在较大的滞后性。

二、"双创"导向下 ESP 专业教学模式构建途径

（一）发展与完善以"双创"为导向的 ESP 专业课程体系

就我国目前的国情及高等教育发展的实际情况来看，发展创新创业教育，不同层次的高等教育机构均应以专业为依托。这也是 ESP 专业学习者在教育教学与实践中进行创新创业的根本。为此，应把专业培养目标与"双创"有机

地进行整合，对目前的专业课程体系进行改革。

1.构建基本素质、专业理论技能与选修相结合的多模块课程体系

基本素质模块是指 ESP 专业学习者应具备的素养与知识，即所谓的"公共基础课"。但除去通用英语学习者必备的基础知识与能力之外，基本素质模块还要相应地增加 ESP 专业各个领域的听、说、读、写、译的教学与实践。而选修课程则是为了满足学生的个性化学习需要而开设的一些课程，除了应针对各种资格证书考试设置一些课程，还应多角度地就创新创业专门设立一些课程。

任何教育目标、教学目的，或任何课程体系模块，均应以"创新创业"教育为理念，使师生在教学中得到创新创业意识的强化。同时，把相关的"创新创业"课程有机地纳入各个模块的课程体系，将必修课、选修课纳入目前学分制的体系。

2.建设"双创"专业课程群，使专业教育课程体系丰富化

开设 ESP 专业更多是为了满足社会生产的需要，但随着全球整体经济水平的提高及社会分工的进一步细化，某一特定领域专业知识的深度与广度均有了很大提高。例如，相较于 20 年前，现在的商务英语发生了很大变化，从事国际医药贸易的人士不但要掌握通用的商务英语理论与技能，还应具备医药英语方面的知识。

但与现实相比，目前的 ESP 专业教材滞后了很多，不能反映目前特定领域的行业变化，更谈不上支持"创新创业"的相关教学了。而且，可用于"双创"情境的教学实践教材更是匮乏。因此，为了在开展 ESP 专业教育的同时，实施创新创业教育，各学校、院系应根据自己的实际情况，建设创新创业课程群，使所开设的课程不仅能满足学生 ESP 专业学习的需要，还能培养学生创新创业的意识与能力。

3.调整单一的理论教学目标,使理论教学内容合理化

在课改、教改深入进行的前提下,有些专业的教学目标已能紧随时代的需要,设计科学、相应的课程内容,也安排得比较合理。但整体而言,作为一门"大学科",ESP 专业的教学目标显得较为单一,课程内容也不够合理,比如财经英语。

在"双创"背景下,开设 ESP 专业教育的相关单位应基于创新创业的实际需求,在制定教学目标时,应把理论知识与实际技能相结合,全面地夯实学生的基础知识,为其创业或未来在相关领域进行创新奠定良好的基础。应采取"由浅入深"的策略,对教学内容、理论教学及教学实践的各个环节进行设计。在使其遵循一定客观规律的前提下,增加理论教学与教学实践的"弹性",以使其更好适应目前社会经济发展、变革的需要。同时,适度灵活、机动的课程体系也可使学生活跃思维,不至于使思维固定、僵化,这同样为学生创新创业意识、能力的培养创造了条件。

4.完善"双创"ESP 专业地方课程

由于地域发展及行业发展的共同需要,ESP 专业通常具有特定的地域方向。比如,就对外经济贸易而言,江浙一带及珠三角同属外向型经济,但其定位却又有所不同。浙江是生产型的外贸大省,而且其产品的主要定位为轻工业产品;江苏是典型的贸易型"大户",即自己充当买卖的中介;珠三角是典型的制造型对外贸易地区,目前正在转向"智"造。

鉴于这些差别,在这些地区开展的 ESP 专业教育应具有明显的差异性。但现实是,在我国,无论东南西北,ESP 专业的教学内容的共同性远远大于差异性,致使培养出来的 ESP 专业人才如同"万金油",但如果涉及专业的细化,其知识与技能却又极其匮乏。将基于地域特色编写的教材运用于实际教学,这样培养出来的 ESP 专业人才恰好能弥补这种欠缺。实践是创新创业的物质载体。ESP 专业人才只有在对某一行业工作驾轻就熟的前提下,才能更有效地实

施创新。再者，我国在地方教程的编写上已积累了一定的经验，"双创"ESP专业教育完全可以借鉴、参考。

（二）创新ESP专业教学模式

1.多元教学模式营造利于创新创业的良好氛围

在学校教育环境下，课堂教学是开展教育的主要形式。现代化教学工具的运用为多元教学模式的开展提供了有利的物质基础，但在"双创"导向下，多元的专业教学模式更需要多种教学方法的使用，特别是在课堂中。为此，教师在开展课堂教学时，可以根据ESP专业的特点、教学客观规律以及职业的实际需要而采取多样化的教学方法。将"案例教学法""交际教学法"以及"任务教学法"等相互交织并穿插于教学，可使创新创业的情境有机地融入课堂教学，这将产生一种良好的氛围，使学生在学习理论知识的同时，在学习中的主体地位也能得到充分的体现，积极、主动地培养创新创业能力。

2.创新"双创"ESP专业教育实践平台

一般来说，ESP专业的各个领域具有很强的应用性。ESP又被称为"应用英语"便是这个道理。培养应用型的人才，应加强对应的教学实践，这是应用知识、技能培养的实际需要，更是开展创新创业教育的载体。以"双创"为导向的ESP专业教育，需要把二者有机地融为一体，依托目前已经建立的教学实践操作平台，把ESP专业教育与现实生产生活中的情境、工作岗位、职业技能密切地结合起来。这样，在理论学习与教学实践的过程中，学生可以在专业学习中"工作"，也可以在"工作"中学习相关的理论知识。有些学校目前已经成立了创新创业学院，建立了创新创业基地，开展了创新创业比赛。"双创"ESP专业教育对此更应加以有效利用，以便为学生提供各种实践平台，鼓励他们接受更多、更优质、更有目的性的创新创业培训与教育，使其在对创新创业形成充分认知的基础上，增强创新创业的意识、磨炼自身的能力，并积累一定的经验。对于已经建立的实训室、语音室等,在条件允许的情况下,应对其中的设施、软硬件设备进行更新,以满足学生的专业学习与实践的需要,为学生创新创业意识的萌发提供良好的条件。比如,将"虚拟仿真技术"运用于 ESP 实训室、语音室,为 ESP 专业学习者模拟"真实"场景,在很大程度上激发了他们的工作热情,使他们乐于用不同的思维看待"实际"职业场合下出现的各种问题。从近年发展来看,校企合作为 ESP 专业教学实践提供了良好的便利条件,"双创"导向下的 ESP 专业教学应在目前的基础上,增加一定数量的"教育企业"。这样,学生可更方便地在真实的工作场景中,在获得真实的职业体验的情况下,养成良好的工作习惯,为未来工作中的创新奠定良好的基础。

3.改革实践教学目标与内容

高等教育的根本目的是满足国家、社会的实际需要,其教育目标也应根据社会的实际要求制定。否则,所培养的人才便不能满足社会生产、国际经贸往来的需要。为提高 ESP 专业人才的国际竞争力,应在"双创"的情境下优化目前的教学实践目标。把培养学生创新创业的能力融入教学实践,要求学生把创新创业的理论知识与学科理论知识相互结合,使学生在"双创"理论教学、实践教学相互结合的情境下,强化创新创业的意识与能力,并把可独立进行创新创业作为自己理论、实践学习的新目标。在此基础上,对实践教学目标进行分段、分级,以使其在循序渐进中实现。在实践教学的内容上,应根据我国经济贸易的实时形势、国家经济导向、产业结构的发展等变化进行调整。在实践教学内容不断更新的同时,加强对学生创新创业意识与能力的培养,把"双创"意识、能力的培养融入各学科的实践。从根本上构建一个集理论教学实践、专业教学实践、创新创业实践于一体的综合教育体系。在丰富教学实践体系的同时,根据经贸发展情况,把创新创业管理作为一项不可或缺的内容融入其中。

4.建立并完善管理监督体系

在"双创"的情境下建立并完善管理监督体系涉及两方面的内容：一方面，应针对"双创"ESP专业教育的有机融合培育相应的师资力量。这是"双创"情境下的ESP专业教育的关键。为此，应要求教师不仅拥有丰富的理论知识、较高的教学技能，而且拥有大量的专业实践及工作经验。为了满足"双创"情境下ESP专业教学的需要，相关教师应积极主动地以开放的思想对待各种新兴的教育观念，特别是与ESP专业相关的教学实践。在工作过程中引导、鼓励学生勇于进行各种"双创"实践，助其以"双创"为导向选择适宜自己的学习策略，使之成为"双创"课堂教学的主体。从学校的角度来看，在不影响学校正常教学的情况下，学校应尽可能安排中青年教师，特别是青年教师进入国内企业甚至国外企业开展各种实践，打造"双师型"的队伍，并保证双师型、高学历的教师比例适当；应鼓励教师"经商""创业"；应从企业引进资历深、经验丰富的教师走进ESP专业教学课堂，邀请他们亲自为学生授课，并为相关的教师开展讲座、座谈，以使教师共同受益。

另一方面，还应强化对教学实践的评估。在"双创"的情境下，对教学实践进行评价尤其要注重对教学实践成果进行评价，由此可以对教学实践管理的质量进行评估，更可借此评估学生创新创业意识、能力的强弱。为此，应把目前ESP专业的多元考核机制落实到位，真正地把"形成性评价"与"终结性评价"有机结合。只有这样才可对教学实践起到真正的管理、监督作用，提高学生在实践中的创新创业意识与能力。

"大众创业、万众创新"有利于加快我国目前正在进行的经济结构调整，有利于我国经济持续健康发展。高等教育应紧随时代发展，不断地调整教育方针、策略与目标。ESP专业教育，为满足社会发展的实际需要，应在以"双创"为导向的前提下，深入分析目前存在的问题，不断完善课程体系，构建新的教学模式。

第五章　新时代高校英语跨文化视域下的教学创新与实践

第一节　英语教学与跨文化意识

一、跨文化交际意识

20 世纪中叶以来，越来越多的英语教学和研究人员意识到了将语言教学与文化教学有机结合的重要性和必要性，在第二语言教学中培养学生的跨文化交际能力，要求英语教师必须寓文化教学于语言教学之中，在传授英语语法规则的同时，还要重视对英语国家文化背景的教学，并采取相应对策培养学生的文化意识。

（一）在英语课堂中进行文化教学的必要性

语言与文化密不可分。事实上，我们一直在讨论的文化与语言之间的关系使得文化本身成为任何第二语言学习课程必不可少的一部分，正如有些学者认为的那样，学习某种语言而不去了解其文化只不过是一种无谓的尝试。简言之，对于大多数学生来说，这样的学习只会退化为对词汇和句式的学习，从而变得枯燥无味；对于许多学生来说，尤其是对于那些为了融入目的语国家而学习的学生来说，能够赋予语言以生命力的恰恰就是文化。

对于第二语言学习者个人而言，不断深入理解文化能够激发其学习语言和文化的兴趣。通常情况下，英语学习者懂得越多，他们想要了解的就越多。了解某种语言的使用者，了解其思维、感觉、行为和习俗，为第二语言学习者恰当地使用目的语并有效地与该国人进行交际提供了极大的可能性。

从更为广泛的意义上来讲，文化习得是维护世界和平、保障经济合作的迫切需要。有学者认为，了解某些民族成员的生活方式有益于我们了解世界上相互冲突的价值观体系。跨文化交际的课堂强调文化间的相互理解与包容，身处其中，学生会了解到不同的文化往往呈现不同的发展态势和特点。只有学会理解并接受不同文化的特点以及不同文化中人们不同的行为模式，人们才有可能恰当地处理好不同地域、国家和种族人群之间的关系，促进交流。

（二）文化意识形成的不同阶段

事实上，由于文化学习者个体存在差异，其最终所能达到的层次也不尽相同。外国学者汉维对文化意识形成的层次进行了简要的划分，他把文化意识划分为四个层次，并且认为大多数的语言学习者都可以归于这四个层次。

首先，事实、定式和不足在第一层次上，学习者感受到的文化信息包括学习者认为的目的语文化事实、对目的语文化及其中的人群持有的文化思维定式和学习者所认为的目的语文化具有的"不足"。例如，一些以英语为第二语言的学习者先入为主地认为：所有的美国公民都开着大轿车并且大声说话；所有的美国男性都喜欢畅饮啤酒并且喜欢穿牛仔靴等。这些文化思维定式在不同程度上都会阻碍学习者真正了解目的语文化。

其次，浅显的理解在第二层次上，第二语言学习者会发现更多有关目的语文化的细微特点并且有时可能会感觉到失望或沮丧。在这一时期，学习者对于他们观察到的事物只具有浅显的理解，而非深入的理解。例如，有些以英语为第二语言的学习者发现有些美国人的确非常友善，他们追求真正的友谊，而有些美国人只是表面上很友好；有些学生会发现诸如"我们什么时候聚一聚"之类的邀请有可能是认真的，也有可能只不过是礼貌性的寒暄，没有什么切实的意义。有时，诸如此类的发现会使得学习者感到困惑，甚至恼怒，但是他们却不了解背后的真正原因。

再次，深入的理解在第三层次上，第二语言学习者开始从文化载体本身的参考框架的角度来理解文化现象。这一层次包括学习者对文化深入的理解和其对文化的接受。这一层次的学生开始掌握与目的语文化、传统相结合的主观防御机制，进而能够理解来自目的语文化的人传递给他们的某些混杂的信息。例如，此时以英语为第二语言的学习者开始认识到以英语为母语国家的人们的思维角度往往受到许多不同民族和文化群体的限制，进而开始接受他们的思维角度和行为模式。

最后，移情这一层次指的是只有通过融入某一文化才能真正转换文化立场和超越母语文化框架模式。舒曼称之为"真正的文化适应"，并提出了"文化适应模式"，认为第二语言学习者在学习过程中会受到社会和心理上与目的语文化成员之间距离的影响，这一模式包括个体学习者与目的语文化之间的距离，当二者之间的距离较小时，则说明学习者已经适应了新的文化并且认同这一文化。例如，有少数达到这一水平的留学生把目的语国家认作"自己的国家"，并且往往决定留在那里发展其事业。他们大量地使用目的语中的习惯用语，有时取该国人的名字，有时力图在遵守文化规则方面超越该国人。他们往往有意识地或无意识地力图融入该国人的生活，并尝试理解、迎合该国人的期望。

一些第二语言学习者非常渴望尽快了解目的语文化社会，但事实上，许多学习者并不能够完全了解并适应目的语文化。有时候，在跨文化交际课堂上，虽然有的学生完成了对目的语文化某些方面的学习，但是他们往往坚持其母语文化的理解方式和行为模式，并未做出很大的改变，甚至有些留学生的最终目标只不过是带着良好的目的语技能和较高的目的语国家学位回到故乡，而不需改变其本人的文化身份。对于陪读的家人来说,他们甚至更渴望坚持其本身的文化身份。例如,在美国,有时中东人的妻子常常只与说阿拉伯语的移民进行交流,她们不愿和周围的美国人打交道,也不愿学习英语,即使她们在美国已经生活了四五年。但是大多数的第二语言学习者渴望在目的语国家学习或生活,观察目的语国家的文化传统习俗,并设法适应目的语文化来开阔其文化视野。许多第二语言学习者出于继续深造和谋求好事业的需要而来到目的语国家生活,并且参加相应的目的语学习课程,因此,他们更能贴近和感受目的语文化。通常来讲,他们会以自己的文化视角来看待目的语文化,但与此同时,他们又开始以新的方式来审视自己以及其母语文化。

以英语为第二语言的课堂是我们所生活的世界的一个典型缩影。以英语为第二语言的学生不仅要面对以英语为母语国家的文化,还要常常接触世界其他国家的文化。通过对英语文化因素的系统性学习,他们会明白世界上并不是只有某一种"固定"或"正确"地解决问题的方式,而是有许多种解决问题的方式,这主要是文化的多样性造成的。事实上,这些学生还是会觉得母语文化中解决问题的方式最令人感到舒适并且最适合他们。但是,他们不会再否定其他国家人民的信仰和行为,并且会明白虽然其中的某些信仰和行为与他们自己国家的信仰和行为截然相反,但是这些信仰和行为对于其所在国家的人民来说,仍然是合情合理的。

(三)文化教学的课堂活动

学习目的语文化并不能通过简单的理论堆砌,这样的学习方式无疑会使学生逐渐丧失学习目的语及其文化的兴趣,跨文化交际意识的培养也就无从谈起。事实上,学习目的语文化除了通过丰富学生理论知识的方法之外,还要从具体的课堂教学设计环节入手,通过开展生动的跨文化交际课堂活动,让学生去真正地了解和体会目的语文化以及目的语文化当中人们的行为模式,只有这样,学生的跨文化交际能力才会有真正意义上的提高,跨文化交际课程才会真正发挥作用。

在跨文化交际课堂中，文化教学活动具有不同的实施方式，我们大致可以把它们划分为六种类型。

其一，目的语文化信息源这一类型的文化教学活动可以采取多种形式进行，例如，邀请专家就某些特定的文化主题举办讲座，安排问答环节，组织学生对话或者体验某些社会场景，等等。其中的许多技巧都可以用于跨文化交际课堂，但事实上，这些还远远不够。教师可以鼓励学生多多接触目的语文化成员，最好能够找到与学生年龄相仿的目的语文化成员，通过就彼此共同感兴趣的话题进行交流来增进学生对于目的语文化的了解。

其二，一般来讲，教师在课堂上的讲解与展示是必不可少的，但是文化教学绝不只限于以教师为中心的讲解活动。学生从彼此身上或者从目的语文化成员身上学习到的文化知识，要远远多于从教师处所学习的文化知识。教师在课堂上所扮演的角色不应该是滔滔不绝的演示者，而是不同文化教学活动的组织者和倡导者。

其三，音乐本身就是一种国际化的语言，它能够引导学生更好地学习新的语言并了解新的文化。课堂音乐活动包括唱歌、写歌、观看音乐剧、欣赏目的语文化中不同类型的音乐（例如摇滚、爵士乐、蓝调和古典音乐等），甚至学习演奏目的语文化中的某些乐器。

其四，教师可以在跨文化交际课堂中，布置一些反映目的语文化的实物、图画和照片。这一课堂活动的优点在于能够引导学生就其母语文化和目的语文化中的同类实物和场景进行跨文化的对比与比较。让学生观察反映某种文化的实物与图片，或者让其猜测某些物品的用途等方法，都可以在这一类的文化教学活动中运用。

其五，调研性的文化学习活动是由学生自行选取或设计的，可以以个人的方式进行，也可以以与他人合作的方式进行。由学生自行实施的典型活动包括：讲解如何准备目的语文化中的某些菜肴；对目的语文化成员就某些问题进行正式或非正式的采访或调查；简要地研究目的语文化中某一时期的音乐风格；欣赏目的语文化中典型的体育赛事；搜集有利于自身了解目的语及其文化的习语、格言；等等。这些课堂活动一般都采取学生自行设计的形式进行，有时教师也可以给学生提供启示，再由其进行进一步的发挥与创新。

其六，学习风格清单是能够吸引学生兴趣并提供大量的文化信息的另一种文化教学活动，就是引导学生观察来自不同文化的学生所展现的不同学习风格，这实际上也是对某些文化信仰和态度的体现。事实上，学生们有时非常乐于列出不同种类的学习风格清单。比较不同文化群体的学习风格是一种十分有趣的课堂活动，学生们需要去思考并解释不同文化群体的成员是如何看待学习的，和他们使用何种策略和行为来学习语言和文化。当然，并不是具有同一文化背景的学生都具有同一种学习风格，但是其中还是会存在一些不可避免的文化相似性。例如，西班牙学生具有更为开放和外向型的学习风格，而大多数亚洲学生，由于其所接受的教育的影响，往往表现得更具分析能力并且更为内向。

以上所有类型的文化教学课堂活动都可以进行灵活的调整，用于满足不同水平和层次的第二语言学习者的实际需要。例如，在进行复杂的角色扮演活动过程中，教师可以提示复杂词汇的意思或者利用视觉辅助材料以帮助学生理解其意义。此外，教师应注意，无论采取何种形式的文化教学课堂活动，都应该给予学生一定的时间用于活动前的准备工作，例如，可以要求学生事先简要了解与某一课堂活动相关的概念，把活动过程中的生词写在黑板上，准备能够反映特定文化背景知识的文化代表物，等等。总之，一切可以促进学生了解目的语文化的方法和手段都可以用于文化教学的课堂教学活动。

学习文化知识不靠简单的理论堆砌，而需要结合具体的跨文化教学实践。事实上，文化意识的形成和跨文化能力的提高并非一日之功，这需要第二语言教师和学生付出坚持不懈的努力。在跨文化交际课堂中，教师的角色不仅是语言知识的传授者，同时也是目的语文化知识的传授者。同时，教师应该具有引导学生了解并分析母语文化和目的语文化的能力，这样才能够帮助学生提高跨文化交际能力，并相应地培养其文化意识。

二、高校英语教学中跨文化交际能力培养

（一）提高跨文化交际能力的途径

跨文化交际学界的学者萨莫瓦尔与波特对于提高跨文化交际能力有以下建议。

1.认识自我

"认识自我"是雕刻在阿波罗神庙廊柱上的古希腊格言，据传出自苏格拉底。交际包括 10 个构成因素。认识自我要求个体了解自己的文化、情感态度和交际风格，并进行自我观察。

（1）了解自己的文化

文化是人们的行为指南，人们倾向于用自己本民族的价值观、社会规范和行为模式衡量他人的行为，因此了解自身文化的特点，包括其优点和缺点可以帮助人们克服民族中心主义的狭隘倾向，提高跨文化交际能力。

（2）了解自己的情感态度

处事态度往往决定交际质量，人们在与他人沟通之前，往往会形成一种由预先印象带来的情感态度。这种交际前的情感态度让交际者给交际对象戴上"有色眼镜"，不能如实描述看到的客观现象，产生误解。如果交际者能够事先意识到这一点，就能在一定程度上克服先入为主的消极情绪，减少负面情绪对交际的影响。

（3）了解自己的交际风格

交际风格指交际者在交际中喜欢哪类话题，喜欢何种交际形式，如仪式化的形式、巧妙对答的形式、辩论形式等，交际者希望交际对象参与的程度，交

际者喜欢的交际渠道,如言语、非言语等。

人们在相互交往中了解对方的交际风格,却很少注意自己的交际风格,如果在交往中,你认为自己是一个开放型的人,而你的交际对象却感觉你拥有内向型的交际风格,那么出现交际问题的可能性就比较大。

(4) 自我观察

自我观察是了解自己的交际风格、待人接物的态度等交际行为的有效方法。人们一般不会在交际中询问交际对象自己的交际风格是怎样的,或者要求对方做出评价。交际者可以根据交际对象的反应来判断、总结自己的交际风格。提高交际能力要求交际者认识自己的交际风格,发扬好的交际策略,改正或避免失败的交际策略,克服自身的缺点。

以上四点是交际者提高跨文化交际能力的方法。认识自我不是让自己成为交际的中心,而是深入了解、认识自己对于其他文化的态度以及自身的交际风格。坦诚看待自己的行为并不容易,但是这对于提高跨文化交际能力很有帮助。

2.考虑环境因素

萨莫瓦尔认为时间观念、物理环境和习俗是影响交际的重要环境因素。

(1) 时间观念

交际能力较强的交际者知道时间概念的重要性,知道应在何时谈论某一话题。单一时间取向文化下,如美国人做事讲究效率,交际风格较为直接,要求严格遵守约会时间,迟到的一方要向他人表示歉意。在多向时间取向文化中,人们一般不严格遵守约会时间,在约会之前应该向主人确认一下时间安排。如墨西哥人的商务合同可以在两到三小时的午餐休息时间内签署,并且在会议快结束时才开始谈生意的现象也经常发生,了解交际对象的时间观念可以帮助提高交际效率和效果。

(2) 物理环境

文化定义交际,不同文化中的交际规则大相径庭。在美国,商务谈判通常安排在会议室中,谈判双方面对面坐着,气氛比较紧张;阿拉伯人倾向于避免这种正面的冲突,他们喜欢圆桌会议,或者干脆席地而坐。了解非言语交际中的时空语可以帮助交际者预测自己所处环境的交际要求,从而使举止更加得体。

(3)习俗

一个民族的文化习俗反映人们的价值观念和行为模式,适应当地文化的习俗和传统是一种跨文化交际能力。如果交际者不知情,那么即使是一种文化中的简单习俗都会很难把握。例如,到日本人家里做客,非本地人会发现没有沙发或者椅子,而不知道该站着还是坐在地板上。在交际之前,了解一些关于当地习俗的基本常识能够帮助交际者更快地适应陌生环境。

3.掌握不同的交流方式

交际者到一个陌生文化环境中生活或者工作,或与来自其他文化环境的人进行交际时,需要掌握该种文化的信息系统,包括言语和非言语交流方式。

(1)学习语言

语言是重要的交际工具,熟练使用对方文化的语言是感知该文化的途径、学习该文化的工具,是跨文化交际能力的重要方面。当然,人们不可能学会全部语种。笔者的建议是学习你要前往的地区的语言,或者当前世界通用的语言。在大多数国家,英语都是学校主要教学的外语,以英语为第二语言的人数较多。因此,不确定自己将来是否出国的人可以选择学习英语。英语的普及意味着说英语的人不一定以英语为母语,所以只学习英国或者美国文化是不够的,还要学习一些泛文化的知识。

(2)认识语言和文化的关系

语言承载文化信息、反映文化传统,习语和谚语就是这样。据统计,英语习语超过一万五千条。英语习语的特点是字面意思不是习语本身的意思,了解习语的文化含义才可能理解并正确使用习语。

交际者的教育背景和成长环境也是影响其用词及其词义的因素,以英语为第二语言的交际者在学习英语、使用英语时要留意这一点。

（3）理解非言语交际符号

人们在交际时除使用言语符号外，还伴随大量的非言语交际符号，如目光、体态、味道等在不同文化中的意义不同，误用或误解非言语交际符号会引起误会和矛盾。跨文化交际者应该掌握目的语文化中非言语交际符号的含义，并理解和练习正确使用非言语符号的意义。

4.移情能力

移情能力是情感能力的重要组成部分，在跨文化视域下主要指摆脱民族中心主义的束缚，不以本民族的价值观念看待和评判其他文化，设身处地地为他人着想。萨莫瓦尔总结的移情的六个步骤是：

①承认世界的多元性，文化差异是普遍现象。

②充分认识自我。

③"悬置"自我，即把自己客体化。

④以别人的视角看待问题。

⑤做好移情的准备。

⑥重塑自我。

5.学习观冲突

无论是在跨文化交际中还是内部文化交际中，都有可能发生冲突。造成冲突的原因很多，不同文化成员对冲突持不同的态度。美国人一般采用五种策略处理冲突：

（1）退避

退避是比较常用的避免冲突的方式，也是最简单的方式之一。退避包括心理上的（如保持沉默、不参与谈话）和身体上的（如远离冲突），表明了交际者不愿意卷入冲突的态度。

（2）和解

和解建立在放弃自己的立场和观点、满足他人的要求、使他人满意的基础之上。这种策略一方面表明交际者无所谓的态度，另一方面显示了交际者的软弱，因此交际者可能会被占便宜。

（3）竞争

使用竞争策略代表交际者坚持自己立场、争取胜利的态度。

（4）折中

折中是指找到双方都同意接受的方案。使用这种策略时，交际者通常要牺牲某些东西以换取冲突的解决。

（5）合作

合作的核心是双方都想解决冲突，使用富有建设性的方法可以满足双方的需要。合作能让人以积极的观点看待冲突，是最理想的冲突解决方式。从跨文化交际角度来看，有的文化倾向于积极地对待冲突；而某些东方文化倾向于避免冲突，对待冲突的态度比较消极。个体主义的交际者在处理与集体主义的交际者的冲突时，应该避免采取直接的方式，转而采取婉转、间接的方式。

（二）跨文化培训的冲突调适

跨文化培训是跨文化交际学形成的土壤，也是跨文化交际学研究的主要内容之一。它是一项高度专业化的教学形式，目的是帮助人们在陌生环境中有效地工作、愉快地生活，与来自不同地区的人们友好相处。为了满足学习者的要求，跨文化培训的专业人士在理论研究、课程开发和教学方法设计上下了很大的功夫，大大丰富了跨文化交际学的内容，促进了跨文化培训的实践探索。

跨文化培训的效果在很大程度上取决于对培训对象、文化调适过程、跨文化培训本质、跨文化交际环境和培训方法等。

跨文化培训的目标基本上是将自己由本族文化身份转变为目的语文化身

份。值得一提的是，再大的驱动力都不可能使移民完全被现居地的主流文化同化，很多移民有意或无意地保持一定的本族文化的身份特点，以满足内心深处的精神需要。

跨文化培训适用于需要旅居国外的学生、外交官、商务管理人员和军人。他们要求跨文化培训具体、实用，希望在保持自己本族文化身份的同时，学习目的语文化，了解两种文化的异同，提高交际能力，以便更快、更好地适应新环境，为自己的学习、工作和生活打好基础。对于他们来说，培训的理想结果就是成为双重文化身份的人。

文化冲撞的产生主要有三个原因：陌生的环境和太多的不确定因素；人际交往困难，孤立无援；个人文化身份受到冲击。跨文化培训在帮助学习者正确认识文化冲撞的必然性与积极意义和了解文化冲撞产生的原因之后，就可以从文化冲撞入手，利用文化冲撞对学习者带来的情感和认知的冲击，来增强他们的跨文化意识，从而开始系统的培训。

文化调适一般需要经历三个阶段：紧张痛苦阶段、逐渐适应阶段和稳步提高阶段。人体内部系统需要一系列稳定因素的支撑才能保持正常运转，一旦我们接收的信息打破了我们现有的内部秩序，我们就会感到不平衡，并因此产生紧张和不安的情绪。在熟悉的文化环境中，我们日复一日、不假思索地重复很多活动，感到自然、放松。然而，对于初来乍到的人来说，一切都是新奇的，每一次跨文化体验都会使他或多或少地感到紧张，但一定会产生新的理解和认识，对目的语文化和本族文化也会有更深的了解，这种理性认识的丰富反过来又促进文化调适的进行。

在整个文化调适过程中，交际至关重要。文化调适过程实际上就是移民和旅居者通过跨文化交际实践，提高自身在目的语文化环境中的交际能力的过程。他们在新的社会环境中，有意或无意地参与一系列信息编码和解码的语言以及非语言的交际活动，从中获取关于自己和目的语文化的最新信息。这些亲身体验和认知学习加快了他们的文化调适进程，提高了他们的跨文化交际能力。

第二节　新时代英语教学中的文化冲突

在不同国家、不同民族的交往中，文化差异是不可避免地存在着的，并且不可能改变。文化差异对于不同文化的存在、关系等产生着重要影响。正是由于文化差异的存在，文化才具有多样性的特征，如果不存在文化差异，那么文化也不可能向着多元化的方向发展，更不可能保证其丰富多彩。当然，这些文化差异也对其他领域产生了影响，尤其是英语教学。

一、价值观差异

（一）"天人合一"与"天人二分"

1.中国人提倡"天人合一"

"天人合一"精神在中国延续了数千年，在这一精神思想的影响下，人们在审美观念上主要体现为人与大自然相融、人与大自然是一体的。

在中国古代，很多哲学家、思想家都提倡"天人合一"的思想观念，他们认为艺术同样应该体现人与自然的"天性"，顺其自然，不可人为强制。

儒家所提倡的美学观点使美学自身不仅需要具有合理性的特征，还需要合乎伦理，与社会习俗、观念相一致，实现"真""善""美"的统一。此外，中国古代历史中所形成的审美理论还重视"体物感兴"，即强调主体的内心与外在事物相接触。

2.西方人提倡"天人二分"

在西方国家，人们大多认为世界是与人对立的一个存在，即"主客二分"，人作为社会的主体，想要认识和了解世界，就需要站在对立面上对自然界进行认真的观察、分析、研究，如此才能从根本上了解和认识大自然，领悟大自然之美。

也就是说，西方的文化审美强调对大自然进行模仿，认为文化就是对大自然的一种模仿。希腊是西方古代文化的发源地之一，这一地区最突出的文化艺术形式就是雕塑，其在很大程度上表现了西方人的审美观念与标准。

除了雕刻，西方人还十分喜欢叙事诗，二者作为艺术领域的典型代表，都反映了西方社会主客二分的审美标准，是一种写实风格的体现。西方人认为，人对大自然的审美一般包括两种心理过程，即畏惧、征服，因此人们审美判断的最终结果往往也局限于这两种心理过程。

（二）集体主义和个人主义

1.中国人推崇集体主义

中国人在观察日月交替等现象的过程中产生了"万物一体""天人合一"的意识。这种意识也体现在人与人之间的关系上，因此中国人群体意识强，强调集体利益高于个人利益，追求社会的和平、统一。当个人利益与集体利益发生冲突时，人们往往被要求维护集体利益。虽然这种情况在当代社会有所改变，但是中国人仍旧饱含强烈的集体归属感。同时，中国人以谦逊为美，追求随遇而安、知足常乐。

2.西方人推崇个人主义

西方绝大多数哲学流派都强调"主客二分"，把主体与客体对立起来。所以，西方人从一开始就用各种方法征服自然，强调个人奋斗的价值，对于个性、自由非常推崇，注重自我实现。但需要指出的是，个人主义并不意味着个人利益比任何利益都重要，其也受到法律的影响，因此个人主义也是一种健康的、积极的价值观。个人主义有助于个人的创新与进取，但是如果过分强调个人主义，可能也会影响整个社会的秩序。西方人以批判的眼光看待已有的知识，从而不断获取新的知识。西方人的独立精神以及对个人存在价值的尊重，使得西方人逐渐形成了求异忌同、标新立异的开拓精神。

（三）追求稳定与追求变化

1.中国人追求稳定

受儒家思想的影响，中国人历来求稳求安，渴望祥和安宁。中国人习惯乐天知命，即习惯生活在祥和的环境中，知足常乐，稍微发生变动，中国人往往就会有无所适从之感。同时，受农耕文明的影响，人们认为只有安居，才能乐业，如果背井离乡，那么就会漂泊无依。现如今，人们对于安居的执念也是很深的，认为即使"蜗居"在一个特别小的房子，也会让自己有满足感。

2.西方人追求变化

西方人追求变化，认为"无物不变"，其为了满足基本的生存需要以及对物质的迫切需求，一直在求变、求创新。如果不进行创新，那么他们就不能满足需求，也无法追求更美好的生活。因此，美国人往往不会受传统的限制，也不会受教育、家庭、个人能力等条件的限制，而是不停地在变化中探索个人的最大潜力，从而实现个人价值的最大化。在这种社会意义上的"频繁移动"下，财富、机会等的流动越来越频繁，从而逐渐形成了不断创新、标新立异的社会文化氛围。从小的方面说，服饰、家具装潢等都在不断创新，从大的方面说，政策、科技等也在不断更新，这些都明显体现了西方人求变的心态。

（四）询问私事与回避私事

1.中国人询问私事

从古至今，中国人喜欢聚居的生活，如"大杂居""四合院"等都是很好的表现，这样的居住环境有助于人与人之间接触，但是也会干扰个人的生活。

同时，中国人在骨子里就推崇团结友爱、相互关心，个人的事情就是一家人的事情，甚至是集体的事情，因此人们习惯聚在一起去谈论自己或者他人的喜悦与不快，同时愿意去了解他人的喜悦与不快。在中国的文化习俗中，长辈或者上级询问晚辈或者下属的年龄、婚姻情况等，是出于关心，而不是对他人隐私的窥探。通常，长辈与晚辈、上级与下属的关系比较亲密时才会问到这些问题，而且晚辈或者下属也不会觉得这是对个人隐私的侵犯，反而会觉得长辈或上级很亲切。

2.西方人回避私事

相比之下，在西方社会中，尤其以美国为典型，人们的一切行为都以个人为中心，个人的利益不可侵犯，这是典型的个人本位主义。受这一思想的影响，西方国家十分重视个人的隐私，这体现在社会生活的各个方面，如人们在进行交谈时，一般会避开个人隐私话题，因为这对于他们来说是禁忌，年龄、收入等都属于隐私问题。在西方文化观念中，看到他人出门或者归来，从来不会问其去哪里或者从哪里回来；在看到他人买东西时，也不会问东西的价格。因为这些问题都是对他人隐私的侵犯，即便是长辈或者上司，也不能询问。

二、思维模式差异

（一）整体性思维与分析性思维

1.中国人的整体性思维

中国古代哲学家认为，最初，宇宙呈现阴阳混而为一、天地未分的混沌状态，即太极。太极动而生阳，静而生阴，在动静交替中产生阴阳。阴阳相互对立、相互转化。事物总是在阴阳交替、变化的过程中求得生存、发展。从哲学的角度来看，阴和阳之间的关系是从对立走向统一的，这就体现了中国传统哲学的整体性特点，它不注重对事物的分类，而是重视整体之间的联系。我国儒家和道家也认为人与自然、个体与社会就是一个大的整体，二者是不能被强行分开的，必须相互协调才能发展。儒家所大力提倡的中庸思想就发源于"阴阳互依"的整体思维。

基于整体性思维，中国人总是习惯于从宏观角度初步了解、判断事物，而不习惯于从微观角度来把握事物的属性。总而言之，中国人善于发现事物的对立，并从对立中把握统一，从统一中把握对立，求得整体的动态平衡。

2.西方人的分析性思维

西方人倾向于分析性思维，对事物进行分析时，既包括原因和结果分析，又包括对事物之间关系的分析。17世纪以后，西方分析事物的角度主要是因果关系。恩格斯特别强调了认识自然界的条件和前提，他认为只有对自然界进行结构的分解，使其细化，然后对各种各样的解剖形态进行研究，才能深刻地认识自然界。西方人的分析性思维就从这里萌芽，这种思维方式将世界上的人与自然、主体与客体、精神与物质、思维与存在等放在对立的位置，以彰显二者之间的差异。

这种分析性思维包含两个层面：一是分开探析的思维，即把一个整体分解为各个不同的要素，使这些要素相互独立，然后对各个不同的、独立的要素进行本质属性的探索，从而为解释整体事物及各个要素之间的因果关系提供依据；二是以完整而非孤立、变化而非静止、相对而非绝对的辩证观点去分析复杂的世界，马克思主义哲学大力提倡这种思维方式。

（二）曲线思维与直线思维

1.中国人的曲线思维

中国人的思维方式呈曲线形，在表达思想和观点时常"迂回前进"，将做出的判断或者推论以总结的形式放在句子的末尾。这种思维方式在语言中的反映是：汉语先说细节后说结果，由假设到推论，由事实到结论，基本遵循"先旧后新，先轻后重"的原则。例如，"It is dangerous to drive through this area."这句话，汉语表达则是"驾车经过这一地区，真是太危险了"。从这个例子中既能感受到中国的曲线思维，又能了解中西方思维的差异。

2.西方人的直线思维

西方人的思维呈直线形，在表达思想时往往直截了当，在一开始就点明主题，然后再依次叙述具体情节和背景。这种思维方式对语言也产生了重要的影响，即英语为前重心语言，在句子开头说明话语的主要信息，或者将重要信息和新信息放在句子前面，头短尾长。例如，"It is dangerous to drive through this area."以"It is dangerous"开始，点明主题，突出了重点。

（三）顺向思维与逆向思维

1.中国人的顺向思维

相较于西方，中国人更倾向于顺向思维，就是按照字面意思陈述其思想内容。这在语言中的体现十分明显，如"成功者敢于独立思考，敢于运用自己的知识"这句话就是按顺序表达，而且可以按照字面意思理解其意思。

2.西方人的逆向思维

不同民族的人们在观察事物或解决问题时，会采用不同的视角和思维方式。西方人习惯采用逆向思维，通常从反面描述，来实现预期效果。

三、教育观念差异

在教育观念上，中西方存在明显的不同，主要体现在"精英"与"广博"、高校教育目的、课余活动这三个方面。下面就对这三个方面进行分析和探讨。

（一）"精英"教育与"广博"教育

1.中国的"精英"教育

在教育内容上，中国推崇"精英"教育，如果学生无法将所学的知识掌握牢固，那么就不能继续深造，因此会被学校淘汰。

在中国的教育中，基础知识的巩固是非常重要的，其主要的教学方式是知识灌输，主要目的是让学生熟练掌握知识，非常看重学生是否"精"而"深"地掌握知识。例如，当学生学习英语的时候，教师往往是采用背诵、听写的战术，这样是为了让学生重复练习，直到掌握。

2.西方的"广博"教育

相较于中国的"精英"教育，西方教育在教学内容上更加注重知识的灵活性，即要让学生学会运用，非常看重对学生创造力的培养，以及教育的"广博"。

西方教育往往不会灌输知识，而是在传授给学生知识之后"点到为止"。学生当达到了基本的教育要求，就可以有更多的选择空间。例如，如果学生在英语学习时感到困难，那么他们就可以选择比现在的课程更为简单的基础课程，这样也便于他们发挥积极性。

（二）高校教育差异

1.中国高校教育的目的在于培养专门人才

受历史与经济发展水平的影响和制约，中国对高校教育的定位在于培养出某方面的专业人才，因此在课程设置与专业设置上，各大高校会有特殊的倾向。

当前，中国的高校教育具有一个显著的特点，即学生在进入高校之前，就已经确定了自己的专业，自进入高校就开始对其选定的专业进行学习。并且，在学校课程之中，专业课程占60%以上。

2.西方高校教育的目的在于培养一名社会公民

相较于中国,美国的高校教育往往是通识教育,即 liberal arts education。因为在美国人眼中,高校教育是一个自由人最基本的教育方式,它可以使学生逐渐成长为一名具有独立思辨能力、批判精神的个体,这在高校课程设置中有明显的体现。

美国的学生在进入高校之前是不划分专业的,学生可以根据自己的要求对一些公共课程进行学习。这些公共课程具有较广的覆盖面,如社会、历史、地理、科学等。这样的教育具有一个显著的优势,即学生在经过广泛的学习之后,对各个学科的内涵有清楚的了解,同时还对自己有清楚的认识。等到了三年级,他们可以综合考虑自己的兴趣,选择自己感兴趣的专业。

(三)计划性课余活动与自由性课余活动

1.中国学生的课余活动计划性较强

中国学生的大部分课余活动都是有组织、有计划的活动。这些活动是在教师的指导下开展的,或者是社团组织的,学生可以选择参加。

2.西方学生的课余活动自由性较强

在西方,学生的课余活动非常丰富,他们的社团活动也非常活跃。很多高校都鼓励学生甚至资助学生开展课余活动或者组成校外活动团体。并且,课余活动可以由学生自主决定,学生会完全按照自己的喜好进行策划,形式也丰富多样。

四、中西文化的融合——以节日为例

春节和圣诞节虽然分属不同国家的传统节日,但在许多方面都有相似之处。

无论是圣诞节还是春节,都是阖家团聚的日子,都能展现人们内心的喜悦之情。西方圣诞节中的圣诞老人、圣诞树、圣诞歌等,无不展现着喜悦。全家坐在圣诞树旁共享圣诞大餐,代表了一种西方式的团聚,这和春节又有诸多相似之处。春节时,人们贴对联、贴窗花、挂灯笼、放鞭炮,一起守在电视机旁收看春节联欢晚会,这是中国人团聚的特有表达方式。

春节和圣诞节也都代表辞旧迎新。在中国,春节前,全家会进行大扫除,不遗余力地清扫家里的各个角落,代表着一扫过去的阴霾,奔向新的开始。春节期间,大家会换上新衣服,代表新的开始。夜晚,全家团聚在一起,许下美好的祝福和对新年的期盼。在美国,为了庆祝圣诞节,人们会准备好色彩缤纷的糖果,装扮绚丽多彩的圣诞树,在平安夜互赠贺卡,互道祝福语。

在全球化背景下,圣诞节正在日益带动中国的文化潮流。随着人民群众精神文化需求的不断增加、对新鲜事物的接受程度逐步提高,在我国,圣诞节成为一个新兴的文化和消费符号。每逢圣诞节,中国也会同时出现"圣诞热"。圣诞节不仅带动了中国的经济发展,也促进了中西方文化的互相了解、融合。

同时,以春节为代表的中华文化,也在改变着美国的文化生活。每逢春节,美国不少地方弥漫着春节的气息,时代广场的大屏也播放着春节的拜年广告,许多地方以烟花庆祝新年的到来,商场的橱窗上贴着中文的"新年好",街区处处播放着中国的新年歌曲,浓厚的中国风让美国民众耳目一新。以此为文化传播的端口,春节在风靡美国的同时也宣传了中华文化,加强了不同地域的文化交流。

中国历史源远流长,文化根基深厚,经过几千年的代代相承,春节早已凝结成为中华民族的智慧结晶。在全球文化多元化的今天,中国的文化影响力在全球范围内不容小觑。我们可以借助中华文化善于博采众长、兼收并蓄、把握大局的优势,将中华文化传播到世界各地,同时,我们还要增强与世界各国的文化联系。中华文化博大精深,有极其深厚的内涵。春节映射着协调人际关系、增加凝聚力的道德思想。而以美国圣诞节为代表的节日文化,注重爱的传递,营造平等、自由、愉悦的氛围。中美两国之间可以增进文化交流，促进融合，从而创造更好的节日文化。

此外，圣诞节也是中国青少年学习英语的大好时机，学校可以组织圣诞交流活动，让美国学生和中国学生一起过圣诞节，既有利于中国学生了解圣诞文化，又有利于中国学生了解美国人民的交流方式和英语文化在日常生活中的应用。文化交流活动还可以开阔学生的视野，激发其学习的积极性。在实践中获取知识，不是拘泥于英语课本上的理论知识，而是更加"接地气"地进行交流、学习。

以节日为中心的文化交流，可以促进国际关系的融洽。中美文化的本质不同，中国人崇尚"以和为贵"，在交往中和颜悦色、谦虚有礼；而美国人崇尚平等、自由，在交流中热情、随性。当然，异国文化交流中难免有摩擦和分歧，因此，我们要积极、主动地了解他国的文化，站在对方的立场上思考，如此才能有效避免跨国交流中可能出现的尴尬。通过圣诞节，我们可以了解美国人民惯用的称呼方式、寒暄习惯、基本礼仪以及美国人的信仰，这都是我们学习的大好机会。作为文化的桥梁，圣诞节可以使我们认识到美国人浪漫、自由的精神，而中国人的友好、谦虚、知礼则能够向世界展现中华民族的精神面貌和价值理念。中美节日的互相交融能够让两国人民更加亲密，使文化得到发扬。而节日文化多渠道、多形式、多领域地发展，也将是世界人民庆祝节日的大趋势。

中美在节日上总体有着较大的差异，传统节日积淀了各国悠久的历史文化，是民族文化的重要载体。我们在享受自己国家节日文化的同时，不妨感受一下他国的节日文化，共同促进世界文化的繁荣进步。

第三节　跨文化视域下的高校英语教学改革

一、跨文化视域下高校英语教学实施建议

（一）提高教师的跨文化综合素质

作为英语教师，自身应具备很强的跨文化意识，这需要教师通过各种方法丰富自己的英语文化知识，对跨文化交际和比较文化差异有较高的造诣，不断提高自身的文化修养。语言学家曾指出：我们不掌握文化背景就不能够教好语言。语言是文化的一部分，不懂得文化的模式和准则，就不可能真正学好语言。高校英语教师是高校英语课程的主要引导者，是沟通学生个体文化和英美文化的桥梁。高校英语教师所具备的跨文化知识将从根本上直接影响学生的跨文化素质及其最终的跨文化知识习得及运用。

虽然，目前已经有高校英语教师在高校英语教学过程中意识到了跨文化教育的重要性，并且也尝试着在高校英语教学过程中进行跨文化教育，但是由于缺乏跨文化教学理念的指导和实践的经验，因而仍然步履维艰。因此，首先应当加强对高校英语教师的跨文化教育，提高高校英语教师的跨文化素质。

1.英语教师必须不断提高自身的文化修养

作为一名英语教师，必须不断学习，可以通过结交外国朋友、涉猎各种形式的文学作品、观看精彩的外国电影录像、欣赏格调高雅的外文歌曲等各种渠道来了解外国文化，不断提高自身的文化修养，提高自己跨文化教育的能力和水平。首先，教师要熟悉教科书中的语言文化知识及文化特点，尤其是英语国

家的典型文化背景知识。其次，英语教师要具备双重文化的理解和教授能力。既不能"抱着本民族文化不放"，也不能只注重对英语国家文化的讲解。最后，教学中，教师要注重培养学生的社会文化洞察力。课堂上，教师在教授英语知识的同时，应引导学生去学习作品的社会文化背景，揭示关键词的社会文化含义，或组织小范围的讨论，以培养学生对社会文化的敏感性和分析能力。

2.拓宽英语教师的跨文化教育知识面

对教师继续教育的内容和方式进行改革，拓宽英语教师在教学中的跨文化教育知识面。第一，在英语教师培训的基础课程中增加人类学、民俗学等课程以及国内外的历史、地理、文学等知识，通过东西方思想方式和文化差异的介绍、东西方文学的比较、分析文化现象产生的原因，帮助教师认识外来文化、理解外来文化、树立多元文化和跨文化视野。第二，在英语教学的专业培训课程中，增加"多元文化教育"和"跨文化教育"等内容，这样有助于发展教师的多元文化性，让教师在课程教学中消除习惯使用的、带有文化歧视和文化偏见的内容，能接纳不同文化间的差异。第三，英语教师继续教育的内容要丰富，教师应具备全球一体化的理念，拥有广博的基础知识，同时在教学与辅导中愿意将各种各样的观点呈现给学生。由此可见，英语教师必须具备扎实的英语专业知识、语言学基础知识、本民族的语言知识、英语教学法知识以及英语教学相关的知识，才能担当跨文化教育的重任。

另外，在继续教育模式上，可以采用灵活、多样的形式，例如：①短期培训与长期培训相结合。②进修学习与访问学者相结合。③常规交流与专题跨文化教育研究相结合。④国内学习与国外进修相结合。⑤脱产教育与远程网络教育相结合。

（二）培养学生正确的跨文化心态

一般来说，一个人学习异国的语言、习俗和社会规则等虽然不易，但并不是不可达到的目标。只要花费足够的时间，具备一定的条件，还是可以做到的。但是，要真正了解另一种文化的价值观却是极为困难的，更不用说接受了。一个人可以在一种文化环境中生活很长时间，掌握当地语言，了解当地习俗，但是，仍然可能不理解其价值观的某些部分。这就要求教师在实际教学过程中，不仅要帮助学生把从外部世界获得的知识转化为自己内在的知识，还要培养学生对外国文化的鉴赏能力和判断能力，并运用所学的知识灵活应对跨文化交际的实践。也就是说，要让学生达到对外国文化不仅"知其然"，还"知其所以然"的境地。只有这样，他们才能正确理解和看待外国文化，吸取其所长，补己之所短，把外国文化中优秀的、对祖国建设有用的部分吸纳到我们的文化中来，进而弘扬中华文化。另外，必须帮助学生克服"本民族文化"对英语学习的阻碍，应使学生提高认识，克服不自觉的民族中心主义。由于受本民族文化的影响，在接触另一文化时，人们往往以自己的文化为出发点进行判断，有时表现为文化上的先入为主或"文化偏见"，有时则表现为民族中心论，即认为自己的文化是最好、最先进、最标准的文化。因此教师要使学生提高对外国文化的认识，摒弃偏见，克服民族中心主义，做到心胸宽广、态度开明，对外国文化持有一种全面的、客观的态度，不仅要尊重它们，还要努力学习它们、理解它们，而不是把它们当作荒唐可笑的东西加以贬低和排斥，使其努力成为双文化者。但是，反过来讲，我们也不应以外国文化为标准，全盘接受而贬低自己的文化。对于外国文化，我们应理解、适应，而不是被它同化。因此，教师不但要帮助学生以开放的心态学习、认识英语国家的文化，更要鼓励学生通过英语了解世界万象，培养国际意识和健康的跨文化心态。

（三）编写新的教学大纲

高等教育英语教学大纲对跨文化交际能力和文化素养的培养未作具体的要求，比如应该掌握哪些情境中的哪些语言功能、哪几种语篇类型、哪些交际策略，应该了解哪些目的语的非言语行为，应该学习哪些目的语的交际习俗、礼仪、社会结构、人际关系、价值观念，等等。还应在大纲现有的词汇表中增补学术研究和对外交往中常用的词汇，在词汇释义中加入一些实用性很强的释义，在母语文化和目的语文化中有不同联想意义的常用词汇、习语、谚语等，要注明其联想意义，对于某些词汇还要注明其语体。还要规定向全体学生开设英美文学欣赏、英美文化、跨文化交际学等选修课。一份细致的教学大纲不但为整个教学活动指明了方向，还是检测和考试的依据。任何教学都离不开检测和考试，但由于跨文化教学本身的特点，英语跨文化的检测形式应有别于语言技能的检测形式。

（四）选择适当的教科书

1.优化课程内容

可供选择的英语课程内容比较多，因此，所选择的内容必须能鼓励学生积极参与，对内容的反思和分析也要有利于揭示不同区域民族文化具有的共性与个性，同时还应增加体现本民族文化特色的内容。

2.对英语教科书的内容进行科学选择

有效选择英语教科书内容，应该遵循以下几个方面的原则：

（1）教学材料真实化和语境化的原则

所谓真实的教学材料是指在真实交际环境中所使用的，而不是专门为教学而设计的材料。真实的教学材料之所以重要，是因为它们将学习者的英语学习真实的社会环境和历史背景联系起来。这样不仅有利于激发学习者的语言学习兴趣和积极性，还使他们在面对真实的社会交际环境时，能够做到从容面对、学以致用，从而提高学习效率。与材料真实化原则紧密相关的是语境化原则。语境化有两层含义：一是避免使语言形式从其使用的环境中脱离出来，进行孤立的、纯语言的分析和学习；二是避免将文化信息从其文化意义系统中抽取出来，作为知识进行分析和学习。因为语言和文化学习必须是一个系统的过程，语言和文化的意义只有在一定的社会环境和历史背景下才能够被准确、充分地理解，所以语言与文化的教学材料必须语境化。

（2）尊重各民族文化的原则

一方面，要尊重目的语的民族文化传统。重视目的语民族的文化以及民俗民风，尽可能全面、准确地对目的语民族的文化知识进行介绍，不能回避、生硬更改内容，应以跨文化教育的目的为出发点，有目的地介绍目的语民族文化的特点和值得我们学习、吸收、借鉴之处，引导学生获得全面、准确的目的语民族文化知识，并具备不断更新知识的能力。另一方面，要尊重母语与民族文化传统。虽然全球化潮流势不可当，英语的影响在不断扩大，但并不是由英语来"一统天下"，民族特色文化是不可抹杀的，各民族特色文化在交流中相互影响和交融。因此，尊重民族文化的原则应包括尊重同一目的语为通用语的民族文化传统、不同区域民族文化传统和母语的文化传统。这样就要求在教学内容上科学选择。首先，要增加非目的语民族的文学作品。其次，增加包含目的语和非目的语民族的政治、经济、历史、地理、社会风俗等的内容。再次，音像教学的内容要多样化，让学生听到和习惯各种不同的语音、语调。最后，增加具有中国历史文化特色的英语词汇、短语、句子以及中国的成语、谚语等，促进中华文化传播。

（3）注重培养跨文化意识、能力的原则

教学内容应把文化内容和英语语言教学紧密结合起来，选择有异国文化习俗、历史背景、民间故事、传说内容的教科书。这样有助于学生形成跨文化意识，具备跨文化的比较、参照、取舍、传播能力，也有利于培养学生实际运用英语的能力。

（五）改革跨文化测试内容与形式

跨文化测试的内容不仅应包括具体文化和抽象文化两个方面，还应包括文化知识、文化意识、文化态度、文化行为等多个方面，所以采用的评价方法和手段也应多种多样。跨文化知识的测试可以采用填空、选择、正误判断等传统的客观题形式，重要的是将学习者应该掌握的文化知识全面、系统地通过各种测试手段予以体现。跨文化行为的测试形式既可以是笔试，通过设置模拟现实的任务让学习者书面应答，也可以通过直接观察学习者真实的行为表现来进行评价。目前，高校英语口语考试已在全国推广，英语四、六级考试也加入了检测学生语言运用能力和目的语文化知识的环节，测试跨文化交际能力的内容有很大幅度增加，这都说明英语语言运用能力的测试迈出了可喜的一步。但是仍有许多工作要做，例如，现在评分体系缺乏"语言的得体性"的标准，没有以非英语专业学生为对象测试目的语文化知识掌握情况的内容，考生的文化创造力的测评也是一大难题，等等，这些都影响跨文化教育的发展，应尽快组织人员进行专题科研，攻克这一难关。

（六）其他形式的跨文化教育

跨文化教育不但可以在课堂中进行，还可以利用其他形式开展。

1.充分利用外教资源

中外合作办学，一个行之有效的形式就是互派教师，这已成为跨文化教育师资中不可替代的力量。通过外籍教师切身讲解、传授他们的本国文化，学生可以直接感受其他国家文化与本国文化的差异及共同规律。同时，由于外籍教师本身正经历着所在国家文化的冲击与熏陶，更可以从自身的实际出发，指出跨文化交际中所应注意的事项。

2.利用教育网站

当前，可以通过英语电影、电视、幻灯片、录像、多媒体、互联网等多种形式学习英语，尤其是互联网为英语教学提供了丰富的信息，有相当多有关英语国家文化背景知识和其他相关信息。教师可以在网络上寻找适合学生阅读的文化背景知识，挑选代表性的知识，通过下载、网址收藏等方式提供给学生，也可以引导学生浏览相关网页，这样不仅信息量大，知识更新及时，还能紧跟时代步伐。例如，一些英语学习网站中就设有英语宝库、英语杂谈、英语游戏、英语歌曲等板块，且信息量很大，更新较快。这符合现代高校学生接受新事物快，对新事物感兴趣的特点。这些使得英语文化背景知识的获得与接受变得快捷，掌握起来也较轻松，学习效果也较好。通过网络获取英语国家的文化背景知识大大提高了语言学习的效率，有效地帮助学生使用地道的英语进行交际，提高学生运用英语交际的能力。

3.举办跨文化专题知识讲座

专题讲座已成为学术交流中前沿知识传播的有效方法，其优势体现在：其一，主讲人对主讲的内容有充分准备，并且对如何将内容进行最有效的传递有充足的设想，讲解也较生动形象，成效也较好；其二，一般专题讲座内容、题材等都是学生关注或感兴趣的，因而学生会带着问题且抱着较大的兴趣来听讲座，这样有助于学生在一种有别于课堂的环境中轻松地学习、讨论跨文化知识，在和谐的氛围中积累跨文化知识，提高跨文化交际应用能力。为了将跨文化专题讲座的效果完全发挥，应有目的、有计划地科学安排主讲内容，渗透每学期的教学内容，采用专题形式分别进行，如中外风俗差异、中外民间传说等。这样，经过一段时间的训练之后，学生对于跨文化知识的系统性认识将会有很大提高，对目的语国家文化整体的认知水平也会逐渐提高。

二、基于跨文化交际的高校英语教学具体策略

（一）高校英语词汇中的跨文化教育

词汇是语言的基本要素，其含义和用法体现民族与文化间的差别。英语习

语是英语语言的瑰宝，是英语文化的一面镜子，并且短小精悍，便于学生记忆。因此，在英语教学中，教师应重视词汇的文化内涵，在教授英语词汇中加强跨文化教育。

1.指示意义相同的词汇在不同文化中的联想意义不一样或者截然相反

例如，一些表示颜色的词汇为不同文化所共有，然而它们的文化内涵却截然不同。西方人习惯用蓝色（blue）来表示消沉、下流等负面的含义；但在中国文化中，人们用蓝色来表示宁静、祥和、肃穆。同样，绿色（green）在不同的文化中内涵也不同，在西方国家，绿色被联想为"稚嫩、不成熟""缺乏经验"；而在中国文化中，绿色象征生命，代表春天、新生和希望。在中国文化中，人们过年、过节都喜欢用红色饰物装饰自己的家，婚礼上新娘穿红色的服装表示喜庆、吉祥，用"红"作语素的词一般都有兴旺、繁荣、成功、顺利、受欢迎、流行等含义，如红利、红运、红榜、开门红、红人等；而在讲英语的国家，红色多用来表示恼怒、气愤的意思，抑或其他负面的含义。

在谈到农民时，中国人往往称其为peasant；而在西方国家，peasant一般指未受过教育的、社会地位低下的，或举止粗鲁、思想狭隘的人，带有明显的负面含义。在汉语中，"农民"指的是直接从事农业生产劳动的人，无论是在革命斗争中还是在社会主义建设中，都是一支重要的生力军，丝毫没有贬义。

"ambition"一词，中文翻译为"野心"，在中国文化中，人们经常使用"野心家""野心勃勃"等，不难看出该词在中国文化里具有负面的含义；而在西方文化中，"ambition"具有"远大的抱负、理想"等正面、积极向上的内涵，这正是西方人所崇尚和追求的价值观。

"柳树"在中国文化里被赋予分离、思念的联想意义。由于"柳"与"留"谐音，在长期的文字使用过程中，人们将"挽留、离别、思念"等这样的含义赋予"柳树"也是很自然的。在离别时，古人有折柳送别的习俗。唐代诗人王维在送好友元二出使安西的时候,也留下了"客舍青青柳色新"的佳句,而柳树(willow)在英语中与中国文化中的"柳树"有着不同的联想意义。在西方,柳树常常使人联想到悲伤和忧愁,多与死亡相关。如在莎士比亚的《奥赛罗》中,戴斯德蒙娜就曾唱过一首"柳树歌",表达她的悲哀,同时暗示了她的死。在经历了巴比伦之囚以后,犹太人把马头琴挂在柳树上,寄托他们对耶路撒冷的思念。这些都表明柳树在中西方虽然指向相同的物体,但联想意义却不同。

中西文化中,月亮的象征含义也不尽相同。月亮在中国文化中的象征意义十分丰富,它是美丽的象征,创造了优美的审美意境。"月亮"象征团圆。它能引发人们对团圆的渴望以及远离故乡、亲人的感伤,还能使人联想到"嫦娥、吴刚、玉兔、桂树"等神话传说。同时,月亮是人类相思情感的载体,它寄托了恋人间的相思,表达了人们对故乡和亲人、朋友的怀念。在失意者的笔下,月亮又有了失意的象征。而月亮本身有安宁与静谧的情韵,创造出静与美的审美意境,引发了许多失意文人的情绪。高悬于天际的月亮,也引发了人们的哲理思考,月亮成为永恒的象征。自古以来,有很多咏月诗词表达了"花好月圆人长久"的美好愿望。而在英美文化中,月圆象征着富饶,而月缺象征着死亡、风暴和毁灭。由于古罗马人相信精神受月亮的影响,所以他们认为精神错乱是由月亮引起的。月亮还被认为是使内心发生冲突、极度烦恼的原因。英文中的 lunacy(疯狂)和 lunatic(疯子)都源自月亮。这些文化内涵不同的词汇容易导致交际者理解错误。因此交际者必须十分注意这些具有多种联想意义的词汇。

2.指示意义相同,在一种语言中有丰富的联想意义,在另一种语言中却没有的词汇

例如,"竹子"这种植物就与中国的传统文化有着深厚的联系。中国人常用竹来喻人,表达某人坚贞、高洁、刚正不阿的性格。"雪压枝头低,虽低不着泥;一朝红日出,依旧与天齐",这是明太祖朱元璋给予竹的刚正之誉。类似的还有邵谒《金古园怀古》中的"竹死不变节,花落有余香";欧阳修的"竹

色君子德,猗猗寒更绿",等等。与之相反的是,bamboo(竹子)一词在英语中几乎没有什么联想意义,它只是一个名称而已。

在中国传统文化中,"九"是表示最多的数字,又因为"九"与"久"谐音,人们往往用"九"表示"长久"的意思。历代帝王都崇拜"九",希望长治久安。因此,皇帝穿九龙袍,故宫的房屋有9999间,每个门上的铜门钉也是横竖各9颗,共有九九八十一颗,取"重九"吉利之意。而在英语中,nine(九)并没有特殊的内涵。

3.各自文化中特有的词汇,即文化中的词汇缺项现象

语言的词汇系统总是依附于其社会文化,历史长河中,任何一个国家曾有过的文化个性都会在语言文字上留下不可磨灭的印记。由于在自然环境、政治体系、经济发展水平、历史传统、价值取向等诸方面的差异,各个民族的文化中都有大量为该民族文化所特有的特殊现象,这样另一文化难免会有"真空"地带,即文化"零对应性",也就是词汇缺项现象。在中国北方农村常见的"炕"对多数英语国家的人来说,如不亲眼看见,亲自尝试,是完全难以想象的。如翻译成英文,则必须给予适当的解释和说明,如"Kang:a heated brick bed."。类似的还有"冰糖葫芦"。

同样,英语词汇中也存在诸如 motel(汽车旅馆)、hot dog(热狗)、time clock(打卡钟,记录员工上下班时间装置的钟)等词汇,在汉语中找不到对应词甚至近义词。同样,像 cowboy、hippie、dink 这样的词虽然可被译成汉语,但不了解西方文化的人并不能确切知道这些词到底指什么。在课堂教学中,教师先要让学生弄清缺项词语在两种语言中的真正文化内涵,然后可通过音译、直译或意译,在译文中加以解释说明或文化诠释,来处理词汇缺项造成的交际障碍,从而使跨文化交际顺利进行。

（二）高校英语语法和篇章教学中的跨文化教育

1.高校英语语法教学中的跨文化教育

语法是语言表达方式的总结，它揭示了连字成词、组词成句、句合成篇的基本规律。每一种语言都有其独特的语法体系，不同的语言群体使用不同的语法系统和规则来指导和评价该语言群体的语言使用。英语是一种形态语言，其语法关系主要通过其本身的形态变化和借助一定的虚词来表达。英语句子多靠形合，汉语句子多靠意合。英语句子能够形成紧凑严密的树形结构，是因为各种连接词起到了黏合剂的作用。汉语句子的线性结构灵活流畅，是因为没有过多的"黏合剂"，句段之间可不用任何连接符号，而靠语义上的联系结合在一起。如"If winter comes, can spring be far behind?"（冬天来了，春天还会远吗？）一看到连词 if，两句的语法关系便了然于胸。与英语句法比较，汉语重语义，轻形式。如要表达"他是我的一个朋友"，不能说"He's my a friend"，而应该说"He's a friend of mine"，双重所有格准确地体现了"他"与"我的朋友们"之间的部分关系。这就是我们常说的英语重形合，汉语重意合，西方人重理性和逻辑思维，中国人重悟性和辩证思维。所以，在日常语法教学中，教师适时、恰当地引入目的语文化元素，将中西文化差异进行对比，既能使学生获得关于目的语的文化知识，又能使枯燥无味的语法学习变得鲜活有趣，从而提高学生的学习兴趣。

2.高校英语篇章教学中的跨文化教育

英语教师在篇章教学过程中，要介绍作者生平、故事或事件文化历史背景及其他相关文化科学知识，解释因文化差异而难以理解的句子。这些对拓宽学生的文化视野，让学生感受文化差异、消除阅读障碍有很大帮助。高等教育出版社的《实用英语》（*Practical English*）教科书提供了大量不同体裁和题材的篇章，同时承载了丰富的文化信息，我们必须加以充分利用。如教授第一册中

的 *Table Manners and Customs* 一文时，将重点放在提高学生的跨文化知识的理解能力方面，与新的语言知识学习和巩固性练习安排在不同学时，这种安排有益于课堂教学中语言、文化氛围的形成，使学生感受语言与文化的双重熏陶。另外，一些课文本来就是有关西方文化的内容，如第二册的课文 *What is Culture?* 本身就是一种跨文化知识的传授，教师在教学过程中应适当联系、补充一些与课文相关的知识，甚至可以与母语文化中的相关内容进行比较，使学生对同一个主题文化有更全面、更系统的认识。例如，课文涉及食品与健康，就自然联想到外国快餐进军中国和中西餐桌礼仪与文化等。除课本外，教师应选择能体现中西文化共性和差异的英文文章作为学生的课外补充材料，使学生更加了解西方的风土人情和价值取向。

（三）高校英语翻译和写作教学中的跨文化教育

1.高校英语翻译教学中的跨文化教育

被看作是两种语言转换过程的翻译活动绝不仅仅是从一种语言到另一种语言的传递，也不是字、词、句之间的机械转换，它是两种文化之间的跨文化交流活动。因此，若不了解文化之间的差异，无疑会在翻译过程中产生很大障碍。学生在翻译中常出现的、最严重的错误往往不是表达不当造成的，而是源于文化差异。因此，应该在高校英语翻译教学中，加强对中西方文化背景知识的传授。

（1）地域和历史方面的文化差异对翻译的影响

所谓地域文化，就是指受所处地域、自然条件和地理环境影响所形成的文化现象，其表现就是不同民族对同一种现象或事物采用不同的言语表达形式。例如，汉语中，人们常用"雨后春笋"来形容新事物的迅速涌现或蓬勃发展，但是英语中却用 spring up like mushrooms（mushroom 意为蘑菇）；汉语中的"多如牛毛"表示事物之多，而英语中则用 plentiful as blackberries（blackberry 意为黑莓）。

中国在地理环境上属于半封闭的大河大陆型，自古以来，人们生活和生产活动主要依附于土地，因此，汉语的许多词汇和习语都与"土"有关，例如，土生土长（locally born and bred）、土洋并举（to use both indigenous and foreign method）、土特产（local product）等。但在翻译成英语时，它们都不包括"土"一词。倘若将"土"字译出，就会让西方人感到莫名其妙。

相反，英国是个岛国，四面环海，英语中与海洋、渔业有关的表达俯拾皆是，但被翻译成汉语时却采用另外的表达。如，all at sea（字面意思为"在海上"）的中文翻译为"茫然不知所措"；a small leak will sink a great ship（字面意思为"一个小小的漏洞就会使一艘大船沉没"）的中文翻译却为"千里之堤，溃于蚁穴"；sink or swim（字面意思为"是浮还是沉"）的中文翻译为"孤注一掷"；spend money like water（字面意思为"花钱如流水"）的中文翻译为"挥金如土"。

一定的语言表达跟特定的历史文化也是分不开的，在翻译时，会经常遇到由于历史文化差异而出现的翻译难题。例如，Waterloo（滑铁卢）是比利时的一个地名，拿破仑在那里惨败，整个战局为之一变。因此，to meet one's Waterloo应被译为"遭到决定性失败"。又如，"三个臭皮匠，顶个诸葛亮"，诸葛亮是中国历史上的著名人物，在中国家喻户晓，是人们心目中智慧的象征，但西方读者未必知道他是何人，与"臭皮匠"有何联系，若采用直译的方式，很难传递句子所蕴含的丰富的历史文化信息。在此只有采用直译加增译相结合的方法，才能使原语言的信息得以充分再现。

（2）思维方式和价值观的差异对翻译的影响

思维方式的差异本质上是文化差异的表现，长久生活在不同区域的人具有不同的文化特征，因而也形成了不同的思维方式。英语民族的思维是个体的、独特的，而中国人注重整体、综合、概括思维。表现在语言上，英语民族用词具体、细腻，而中国人用词概括、模糊。例如，"说"一词，英语的对应表达有 say、speak、tell 等，这些词可以表达不同情况下"说"的意思。这样使语言简洁、准确，又富于变化，形象生动。而汉语往往趋向于泛指，在"说"前加副词修饰语。例如，语无伦次地说、低声地说、嘟嘟囔囔地说。

东方人偏重人文，注重伦理道德；西方人偏重自然，注重科学技术。东方人重悟性、直觉、求同、求稳、重和谐；西方人则重理性、逻辑、求异、求变、重竞争等。不同的思维方式决定了各个民族按照各自不同的方式创造不同的文化，而这种不同必然要通过文化的载体——语言得以表达。这种思维方式的差异常导致翻译中一些词语的引申义不同。因此，我们要谨防"翻译陷阱"。

价值观指人的意识形态、伦理道德等为人处世准则的观念，一般认为是特定文化和生活方式的核心，会给语言理解和翻译造成很多障碍，足以引起翻译工作者的重视。中国人认为个人微不足道，推崇集体价值，强调社会群体的统一和认同，具有集体价值至上的价值取向。而西方文化则推崇个人主义、个人价值至上，它强调个人的存在价值，崇拜个人奋斗。例如，中国人常说"四海之内皆兄弟""在家靠父母，出门靠朋友""仁义值千金""大树底下好乘凉"等，这都说明中国人常把自己和所谓"自家人"视为一体，并希望能够在自身以外找到安全之所。英语谚语有"God helps those who help themselves（天助自助者）""Life is a battle（生活就是战斗）"，这些英语谚语都在告诫人们：只有靠自己奋斗，才能获得成功和安全感。这些都表明了西方人的个人主义价值观。

将英语中的"individualism"与汉语中的"个人主义"相提并论，价值观的差异尤为明显。在西方，该词指的是"独立自主"的个人品质，人们把自己看成单独的个体，凡事都从个人利益出发，以个人为中心，体现个人价值。他们相信天道酬勤（God helps those who help themselves.），主张独立自强，喜欢个人竞争，强调平等和权利。而中国的传统文化更强调群体意识，个人的利益服从集体的利益，各个成员之间互帮互助、彼此合作。因此，汉语的"个人主义"是与"集体主义"相对的贬义词。它是指一切从个人出发，把个人利益放在集体利益之上，只顾自己、不顾他人的错误思想。

2.高校英语写作教学中的跨文化教育

英汉两种语言的篇章结构与其思维模式相关，有什么样的思维模式就有什么样的语篇组织结构。西方文化注重线性的因果式思维，而中国文化偏重直觉和整体式思维。这就导致语篇结构方面的巨大差异。英语句子组织严密，层次井然有序，其句法功能一望便知。比如，"If winter comes, can spring be far behind?"一句，一见到连词 if，两句间的逻辑关系便能了然于胸。而汉语的句子成分之间没有那么多的"黏合剂"，较少使用连接手段，句子看上去比较松散，句子间的逻辑联系不易看出。

中国人的思维模式呈螺旋形，其思维习惯在书面语言的表现形式是迂回曲折，不直接切入主题，而是在主题外围"兜圈子"或"旁敲侧击"，最后才进入主题。"文若看山不喜平"是典型的汉语修辞模式，也成为衡量文采的标准。英语篇章的组织和发展是"直线式"，通常开门见山直抒己见，以主题句开始，直截了当地陈述主题，然后用事实说明。即先有主题句，后接例证句。英美人的思维方式决定了英语写作中必然出现主题句。例如：

Soccer is a difficult sport.①A player must be able to run steadily without rest.②Sometimes a player must hit the ball with his head.③He must be willing to collide with and be collided into by others.

这段话的第一句就是主题句，是段落的中心。①②③句是用来说明、支撑主题句的。而在汉语中，我们习惯于先分后总，先说原因后说结果，即所谓的"前因后果"。如果要表达同样的意思，我们会这样说：足球运动员必须能不断地奔跑，有时得用头顶球，准备好撞击别人或被别人撞，所以说，足球运动是一项难度较大的运动。通过这样的对比，有助于学生了解中西的写作思维模式差异，学会用英语思维写出地道的英语文章。

第四节　跨文化视域下的英语教学实践
——高校英语教学中的"中国文化失语"

关注英语文化已经成为学生英语学习的必然选择。但是不得不说，学生学习语言不仅要学习好目的语文化，还要学会运用目的语文化对本民族文化进行输出。只有掌握了双重文化，学生才真正地学好了语言，才符合时代发展对应用型人才的要求。现如今，很多学生在交际中并不具备传播中国优秀文化的能力，这种"中国文化失语"现象与英语教学只关注目的语文化、忽视母语文化有着密切联系。

一、中国文化与"中国文化失语"

当前，我国的英语教学强调对英语文化的教与学，而母语文化在英语教学中显然不受重视。也就是说，无论是教学研究者，还是教师，都缺乏对母语的认识，也缺乏对母语在教学中的作用的认识，在教学中过分强调母语在英语教学中的负迁移作用，忽视了母语文化的正向导向作用。这就导致我国很多地方的英语教学都是对英国英语、美国英语的简单模仿，并未与中国的社会现实结合起来。

英语教学是向社会传输英语人才的关键，学生对中国文化的态度，直接影响着中国文化软实力的构建与中国文化的全面发展。在全球化大背景下，中西方文化之间碰撞与沟通，旧文化逐渐解体，新文化逐渐形成，这都离不开教与学的作用。在这一过程中，学生需要经历一定程度的文化困惑与挑战，因此对"中国文化失语"现象的探索显得非常有必要。

我们应该充分利用英语教学，对学生实施文化教育，注重提升学生的中国文化表达能力，通过对中西方文化进行比较，让学生明确中西方文化的差异性，有意识地创设恰当的文化氛围，让学生展开交流与合作。这样不仅有助于学生提升自身的综合语言能力与民族文化素质，而且能增强学生的民族自信心与自豪感。

（一）中国文化

中国文化是中华文明演化过程中汇集而成的、反映民族特质的文化，可以简单地将中国文化理解成一个民族的文化遗产。

中华优秀传统文化就是在中华民族的发展过程中产生、形成和发展的，具有浓厚民族特色的各种人类文化活动的总称。一般来说，中华优秀传统文化具有以下特点：

①世代相传，在不同的时期表现不同，但本质不变。
②民族特有，区别于其他民族。
③历史悠久，传承千年，影响至今。
④博大精深，内容丰富。普及广，有深度。
⑤融入百姓生活。

（二）"中国文化失语"

"中国文化失语"这一概念是由南京大学的从丛教授提出的，其发表了《"中国文化失语"：我国英语教学的缺陷》一文。在该文中，从丛教授多次表示中国很多学生的英语水平很高，但是无法与外国人打交道，即无法运用恰当的英语与外国人进行交流，无法将中国文化表达出来。

自从"中国文化失语"这一概念被提出，很多研究者也进行了深层次的研究，并取得了丰硕的成果。英语教学也顺应了时代变革，引入了文化教学，但是大部分学生在跨文化交际中仍旧不能用目的语将中国文化准确地表达出来。

文化教学没有优劣之分，只有区别。在对西方文化进行学习的同时，不要忘记将中国优秀的文化传播出去。基于中国当前的背景，我国的英语教学必须进行改革，如在高校英语教材中补充中国文化的内容，在高校英语四、六级考试增加关于中国文化的翻译，等等。

二、高校英语教学中"中国文化失语"的表现

高校英语教学改革正在如火如荼地进行，但是当前的高校英语教学仍存在明显的"文化失语"现象。具体表现在如下几点：

（一）不恰当的母语迁移

汉语与英语具有很大的文化差异，具体表现在结构、逻辑等方面。学生最早接触的是汉语，并且长期生活在汉语环境里，因此汉语已经深深地扎根于学生的大脑。学生可能会因为习惯使用汉语而不自觉地将汉语知识迁移到英语中，进而导致种种或大或小的错误，这种现象就是负迁移。负迁移无疑是一种英语学习的干扰力量或者制约因素。在负迁移影响下，学生在口语表达中，容易产生生硬、不自然的表达。

例如：

正确的语言表达：What can I do for you?（你想买什么？）

负迁移后的语言表达：What do you want?

在本例中，如果一个中国售货员对一个外国顾客说"What do you want?"，外国顾客会认为售货员在问"What do you want to buy?"。我们都知道，外国人对待隐私的态度和我们中国人是不同的，某些我们认为并非隐私的事物在他们看来就是隐私。例子中，负迁移后的语言表达在外国顾客眼中就是探究隐私的一种问话，会引起外国顾客的反感情绪。

（二）不了解汉、英词语的文化差异

由于英语和汉语的语言文化差异，英语词语和汉语词语无法一一对等。因此，英语学习者不能从字面意义推断出说话人的真正意思。英语学习者可能对西方文化中的其他元素也知之甚少，包括习俗、思维、心理等要素。这就导致英语学习者在与英语母语者交流时，会从自己的文化立场看待英语母语者的话语，从而使交际陷于尴尬境地或引起一些误解。例如：

外教：Can you answer this question?

中国学生：Yes.

在本例中，课堂上，外教问学生"Can you answer this question?"，实际上是预期得到学生关于问题的答案以及具体解释，但是学生只是简单回答"Yes."而没有后文，显然只是按提问的字面意思回答，没有理解外教教师的真正用意。

（三）违反英语语言习惯

英语学习者可能因为不了解英语的语言习惯，而造成语言表达方式上的误用。例如：

错误的表达：I am sorry.

正确的表达：Excuse me.

在上述例子中，具体情境是这样的：一位外国友人在无意中挡住了中国学生的道路，中国学生想要外国友人让路。中国人想要别人让路时，一般都会说"不好意思"，中国学生就将汉语的语言习惯套用于英语，因此就说"I am sorry."，殊不知在英语国家，当请求别人做事说"Excuse me."才符合英语语言习惯。可以想到，外国友人在听到中国学生说"I am sorry."时，肯定是一头雾水。

近年来，越来越多的学者开始关注"中国文化失语"和英语教学的关系这个话题，他们开始关注本土文化教学以及其与目的语文化教学的互动。从丛教授提出，应当在英语教学中充分灌输中国文化的有关表达，并且应当合理配置教学资源，使得用英语进行交流的学者和国人拥有坚定的文化主体性和文化操守。在英语教学中融入中国文化，既可以提高学生的跨文化交际能力，又可以把中国的璀璨文化发扬光大。

（四）英语学习过于功利性

很多学生的英语学习具有明显的功利性，即学生学习英语就是为了通过考试，可能是为了顺利进入好学校，也可能是为了以后找到一份好的工作。同时，他们的学习仅仅注重对英美文化的学习，忽视对中国文化的学习，这就完全与以英语为载体的初衷相悖，也很难实现向世界传播中国文化的目的。

（五）母语文化表达能力薄弱

当前，很多学生存在着明显的母语文化表达能力薄弱的情况，即不能用英语解释母语文化，这是"中国文化失语"的一大重要表现。很多学生因不了解本国文化，即使精通英语，也无法用英语准确表达。例如，在交际过程中论及太极、八卦、清明节、重阳节等中国文化表达时，很多学生都会不知所措，无法有效地加以解释。

三、高校英语教学中"中国文化失语"现象产生的原因

目前，很多学生能够用英语进行交流，但是对于我国传统节日、文化习俗等方面的内容，却不知道如何解释、如何演绎。这就说明在当前的英语教学中，教师虽然完成了英语知识教学与听、说、读、写、译技能教学，但是运用英语表达中国文化的教学还很欠缺。这主要有两个层面的原因：一是英语词汇量的欠缺，二是对中国传统文化不了解。无论是哪一层面的原因，都导致学生无法用英语阐释中国文化，这不仅影响学生的自我发展，还会对中国文化的跨文化传播带来阻碍。根据当前我国高校英语教学中对母语文化的重视程度可以发现，

"中国文化失语"并不是没有依据。

（一）对"文化"概念的理解有误

众所周知，英语教学不仅是语言教学，还是文化教学，这逐渐成为现在英语学界的共识，因此在英语教学中导入文化显得尤为必要。但是，近些年对文化教学的研究大都对如何导入目的语进行研究，而忽视了母语文化的导入。同时，英语教材也多涉及目的语文化，很少介绍母语文化的相关内容。当然，在英语教学中重视目的语文化的教学是无可厚非的，但是对母语文化的忽视将会让人们走入一个误区：英语文化教学即目的语文化教学。

对任何外来语言的学习都离不开对母语文化的学习这一基础，如果脱离了对母语文化的学习，那么学习就会成为无本之木。当然，我们应该对"文化"的概念进行反思，考虑如何实现母语文化与目的语文化并重。

（二）对文化教学理解存在偏差

对文化教学的片面理解是"中国文化失语"的重要原因之一。很多人都片面地认为文化教学就是在教学中单纯地导入英语文化知识，而忽视了本土文化的输入。社会不仅仅需要具备英语语言文化能力的人才，还需要懂得中国文化的英语人才，但现在英语教学中的文化教学没有充分重视中国文化的英语表达，现在的教师、教材以及教学方法都忽视了这种学习需求，最终导致"中国文化失语"现象。

目前，关于如何在英语教学中导入英语文化的研究有很多，但关于中国文化在英语教学中发挥的作用与影响的论述甚少，这种文化教学的"逆差"很可能最终导致学生失去对中国文化价值和审美的认同感，缺乏对中国文化的基本了解，使得学生一味地追寻英语文化而否定中国文化。不可否认，在英语教学中侧重英语文化是必要的，因为英语文化的导入是一个必要的环节。但是，在英语教学中只融入英语文化并不是成功的文化教学，真正意义上的文化教学应遵循对比原则，在必要的时候应融入母语文化。

（三）大学生对跨文化理解的缺失

随着世界经济文化一体化程度的加深，高校英语也在不停地进行着调整。高校英语的教学目标之一就是培养学生的跨文化交流能力，能准确地使用语言对中国的优秀文化进行描述。但在实际的教学过程中，绝大多数师生仅仅看到了课本的内容，过于重视对外来文化的学习和表达，而忽略了用英语表达中国文化能力的培养。出现这种现象多是由于高校师生没有准确理解高校英语教学目标，仅仅是流于形式，对于跨文化交流的内涵也是知之甚少。跨文化交流不单单是理解课本内容，而是利用英语对本国的文化进行传递，使中国的文化能够跨越语言的鸿沟，被世界人民所理解。此外，还有一部分师生认为跨文化交流的主要目标是流畅地与外国人进行关于外国文化的沟通，这种理解是偏颇的，从根本上来讲，高校英语教学的主要目标就是利用英语对中国文化进行准确的表达，从而传播中国文化。由于高校师生对英语教学目标的理解不够透彻，"中国文化失语"现象出现。

（四）高校英语教学体系不完善

出现"中国文化失语"现象的另外一个重要原因是高校英语的教学评估体系不够完善。英语的教学过程是跨文化交流的主要组成部分，但在实际的教学中，我们虽有大批经验丰富的教授英语的教师，但有深厚的中国文化底蕴且能准确地表达中国文化的英语教师则是凤毛麟角。汉语是世界上使用人数最多的语言，而英语则是世界上使用范围最广的语言，这两种语言在跨文化的交流中都起着重要的作用，全球"汉语热"也给我国高校的英语教师提出了更高的要求。中国高校的英语教师，要具备丰富的中国文化知识，同时也要精通外国的文化，这样才能够将语言融会贯通，教会学生用英语对中国文化进行准确的表达。另外，高校英语的课程设置更加剧了"中国文化失语"。在英语课程的教材中，很多关于中国文化的内容被删减，根本满足不了学生用英语表达中国文化的需求。

（五）跨文化交流范围受限

说到底，学习语言就是为了应用，而我国的现状是，绝大多数高校学生的英语在阅读和写作方面较为突出，而在口语方面就显得力不从心。究其根本，与我国现阶段各类的英语考试相关，更多的学生重视的是如何应对各类考试而不是如何提升自己的英语表达能力。虽然有一部分教师在课堂中强调了跨文化交流的重要性，但是课堂中的交流是远远不够的。就拿茶文化来说，我国的茶文化博大精深，要准确用英语表达绝非易事，而仅仅依赖课堂短短的几十分钟，难以完成跨文化交流的训练。并且，很多的高校学生对茶文化一知半解，进行跨文化交流的场景演示就是天方夜谭。

四、高校英语教学中"中国文化失语"的改善策略——以茶文化为例

（一）组织学习茶文化的精髓

中国的茶文化自出现以来就为世人所津津乐道，其内涵更可谓是博大精深。世界上对茶文化进行研究的人非常多，而茶文化本身对中国人的生活有着重要的影响。茶文化的传播范围非常广，通过对茶文化的学习，学生能更加深刻地认识中华优秀传统文化，同时也能从茶文化中学习到中国人的为人之道。茶文化的思想精髓集儒、道、佛三家于一体。而在高校英语的教学中，教师要向学生介绍茶文化，积极引导学生阅读茶文化的历史典故，提高自身的文化素养，并且在英语的教学中，加强对茶文化内容表达的训练，使学生对茶文化产生浓

厚的兴趣，乐于用英语进行茶文化的跨文化交流活动。通过对茶文化的学习，学生也要了解，英语的学习并不仅仅是简单地掌握英语技能、学习西方文化，而是在学习的过程中充分地与中国文化相结合，更好地进行中西方文化的交流。

（二）开展英语文化教学

茶文化是集中华优秀传统文化之大成的一种优秀的文化，即使是在英语国家也有着相当大的影响力。"中国文化失语"从某种程度上讲就是源于学生对中国文化的不了解，因此，将茶文化融入高校英语教学，能加深学生对中国文化的认识，增加其文化积淀，避免在跨文化交流的过程中因接触过多的外来文化而迷失自我。改善"中国文化失语"的一个重要媒介就是高校的教师，在教学过程中，教师要在课堂中加入中西方的茶文化小故事，并鼓励学生利用课余时间阅读文学作品，在文学作品中对茶文化有更深刻的了解。通过自身的学习，发现西方文学作品中的茶文化与我国传统的茶文化之间的差异，从而更好地进行跨文化交流。

（三）拓宽国际文化视野

中西方文化之间存在着本质的差异，更好地辨别中西方的文化也是高校英语教学的教学目标之一。在高校英语的教学中，要充分吸取中西方文化的精髓，清晰地认识文化差异带来的思维差异。在全球经济、文化一体化程度加深的今天，中国的茶叶仍然在世界上占据着重要的地位。学会用英语将中国茶文化的精髓介绍给世界人民，能有效提升我国的文化地位，实现跨文化的交流。国际文化视野的拓展与高校英语教学密不可分，高校师生应扩充自身的知识储备，积极去了解国内外的文化，在深厚的茶文化的基础上，进行外国文化的学习，以解决"中国文化失语"。

综上所述，高校英语教师要在充分理解教学大纲的基础上，增加中国文化的相关内容，以全新的方式进行教学改革，重视中华优秀传统文化的教学，在教学中国文化的基础上开展对西方文化知识的传授。通过将茶文化融入高校英语教学，使学生建立起完整的中华优秀传统文化的学习体系，深入了解中国文化和西方文化之间的差异，从而加强跨文化交流，改善"中国文化失语"现象。

第六章　新时代多元文化背景下的高校英语教学创新与实践

第一节　多元文化下的高校英语教学

一、多元文化的产生与发展

（一）多元文化的提出

从发生学的角度来讲，多元文化主义政治思潮萌芽于20世纪初的美国。那时，作为解决民族问题的"同化论"的"反叛"，犹太裔美国学者霍勒斯·卡伦提出了"文化多元论"。美国是一个移民国家，如何协调各民族之间的关系一直是美国社会的一个重要问题。18世纪80年代，法裔美国学者埃克托·克雷夫科尔提出了"熔炉论"思想：人的生长和植物的生长一样，都受制于周围环境，美国特殊的气候、政治制度和工作环境会将来自世界不同国家的移民"熔制"成具有同样品质和理想的人。"熔炉论"的核心是追求美利坚民族在传统方面的一致性。20世纪初，卡伦开始对"熔炉论"进行批判，他认为，人们可以选择或改变自己的服饰、政治信仰、伴侣和哲学等，但无法选择和改变自己的祖先、血统和家族关系。他认为真正的美国精神应该是"所有民族间的民主"，而不是某一民族对其他民族的绝对统治。20世纪20年代，他提出了"文化多元论"，首次使用了"文化多元主义"这个词。

长期以来，文化被认为是精英成员活动的总体象征。

这一观点自20世纪50年代以来受到质疑和批判，文化被认为是由不同时间和地点的人们以不同的方式所做的事情，文化就是在一定的时空条件下的一定的人类群体，包括他们的生活方式、习俗、秩序与生存样态。这种建立在相对论基础上的文化相对论，认为文化具有历史的特殊性，其意义取决于特定的情境，这一文化的理念成为现代多元文化主义的基础。"多元文化论"认为，一个国家内存在多样化的文化，彼此间应是相互支持且平等存在的。

除此之外，被称为"多元主义的赞歌"的后现代理论对多元文化也提出了自己的阐释。这一理论认为人类发展知识的方式和人类求知的手段都有了革命性的改变，所有的观念、意义、价值全部都可以从过去的固定结构中区别出来，应该尊重文化的差异。

伴随着欧美民权运动的兴起，文化本身的发展，再加上后现代主义的张扬，多元文化不仅是事实，而且成了社会和政治生活的一个条件，成了国家政策的一个重要组成部分。多元文化成为当代世界和社会发展中表现得尤为突出的世界文化发展问题，成为解决当今世界文化、民族和哲学价值观问题的普遍模式。

多元文化概念本身是针对传统的单一文化概念而言的。以往的文化发展定式是在一定的区域、地域、社会、群体和阶层中存在的某一种单一文化。而多元文化则是指在一个区域、地域、社会、群体和阶层等特定的系统中同时存在的、相互联系且各自具有独立文化特征的多种文化。它不同于以往的文化存在方式，在空间上具有多样性，在时间上具有共时性。这个概念在提出的过程中，蕴含着对文化的几个基本假设。

1.文化的平等性

多元文化观点认为，社会由不同民族、不同群体所组成，社会成分的多元化决定了文化的多元化,各种文化都有其独特的价值,并无优劣贵贱之分,因而各种文化都有平等的生存权和发展权。

2.文化的交往性

多元文化必须是指在一个区域联合体、社会共同体和集体群体等系统内共存的,并在系统结构中存在着一定的相互联系的文化。文化间的交流和交往是多元文化形成的必要条件,也是它存在的基础。

3.文化的差异性

各民族或群体在长期的历史发展中,通过其独特的生产和生活过程而逐渐确立起自己的文化,不同民族或群体的文化各具特色,表现出多元发展的特性。由于区域发展的不平衡,社会各阶层在社会中的地位和作用的不同,文化的自我更新、创造、变革的内在机制不同,使同一性质的文化在同一社会的不同区域、不同社会阶层、不同历史时期,表现出一定的差异性,从而形成了文化的多样性发展。

4.文化的内聚性

不同的文化之所以能共存于一个共同体,其重要原因就在于各种文化不仅承认了彼此的差异性,更重要的是它们也发现了彼此间的共性,即各种文化存在相互借鉴的可能。从这个意义上说,多元文化的实质目的不是要突出某一种文化,而是提供处理两种以上文化间相互关系的方法。

(二)多元文化的产生

多元文化主义虽然萌芽于美国,但真正形成是在加拿大。20世纪70年代,加拿大政府推出"多元文化主义政策",标志着多元文化主义的正式形成。

加拿大是一个由若干个民族移民组成的多元化国家,其中90%以上的公民是外国移民及其后裔。加拿大曾先后是法国和英国的殖民地,在相当长的时期内，加拿大在民族问题上坚持的是民族同化政策。所谓民族同化政策，就是指政府采取法律的、行政的手段，使被统治民族或少数民族失去原有的特征，而被吸收、被合并于统治民族和主体民族。这种政策就是要求移民放弃自己祖国的文化与传统，接受英国和法国的行为方式和价值观。面对愈演愈烈的英法两大族裔之间的矛盾，加拿大政府正式提出了以"多元文化"取代原先的以英法文化为基础的双文化政策。加拿大政府内阁增设相关职位，具体制定了展示各种民族文化、研究各民族历史、推进各民族交流等六大规划，各级地方政府设立"多元文化工作部"，多元文化主义政策正式在全加拿大付诸实施。

加拿大推行的多元文化主义政策，在欧美许多国家迅速引起强烈反响，支持者纷纷撰文，称其为解决民族问题的最佳途径。多元文化主义政策和思想在诸多国家中"受宠"，多元文化主义思潮也蔓延和发展起来，并作为一种政治理念和政策成为不少多民族国家解决民族问题的一个依据。

（三）多元文化的发展

进入 21 世纪，随着经济全球化进程的加快，世界各国经济联系加强，特别是在资本、贸易、金融、投资等方面的相互联系和相互依赖程度达到前所未有的水平。经济领域的联系扩大到了社会生活的各个领域，各国之间相互依存，从而打破了国家与地域之间的界限，打破了人们观念、文化上的界限，全球化的进程打破了民族的藩篱，把各民族的文化都卷进了大交流、大融合的浪潮中，使人类文化发展的大趋势沿着相互补充、相互接近和相互借鉴的轨迹前进，从而使各种文化在交流的规模和深度上都远远超过以往任何一个历史时代。现代科学技术迅速发展，以电脑、电视和卫星为主体的现代化信息网络，已把世界联结为一个整体，形成了全球性的信息一体化趋势，促使了全球性的信息同步。信息技术的极速发展为各国之间的信息交流提供了条件，也为教育的国际交流带来了广阔的发展前景。一方面，世界一体化进程日益加快，国际合作更为密切，国际竞争更加激烈，任何国家都无法游离于世界之外独自进行经济、政治、文化改革；另一方面，知识的价值和重要性日增，高素质人才成为提升国家综合竞争力的核心因素。

信息社会的到来使得每个国家、社会集团和个人都处于一种越来越开放的状态，各种文化不断渗透与融合。在这种竞争与比较的格局中，社会与个人都在寻求新的突破，于是各民族纷纷走出自己的模式，开始接触其他民族的文化模式，各种文化相互渗透。一方面，任何一种文化都不可避免地影响着其他文化；另一方面，任何一种文化也都不同程度地吸收着其他文化，从而求得自身更完善的发展。当前，世界已经成为一个巨大的信息网络，身处于这个网络的人与人、地区与地区、国家与国家、文化与文化之间的关系呈现出鲜明的全球化特点。

二、多元文化对英语教学的启示

（一）多元文化教育

1.多元文化教育的内涵

应如何阐述多元文化教育的确切含义，学术界至今仍争论不休。美国学者吉内娃·盖伊认为："一种明确的多元文化教育哲学的阐述对于学校课程发展过程是十分重要的，它提供了一个概念化的参考框架。多元文化教育哲学认为民族多样性和文化多元主义应该是美国教育的一个重要组成部分。学校应该教学生真正地将文化和民族多样性作为社会标准和有价值的东西而加以接受。应该接受不同民族群体存在的权利，理解民族群体的生产类型的有效性和可变性，扩大个人在自己社区和其他社区中有效运作的能力，将保存民族和文化多样性作为一种保持美国社会丰富性和伟大性的方法而加以促进。"

在美国多元文化教育理论方面颇有建树的学者当属华盛顿大学的詹姆斯·班克斯教授。他对多元文化教育概念的阐述，获得许多学者的认可。他认为："多元文化教育是一场精心设计的社会变革运动，其目的是改变教育的环境，以便让那些来自不同的种族、民族、性别与阶层的学生在学校获得平等受教育的权利。多元文化教育理论假设，与其让那些来自不同种族、民族、性别与阶层群体的学生仅属于和保持本群体的文化和性别特征，莫不如让他们在教育领域获得更多的选择权，从而在社会化过程中获得成功。"

2.多元文化教育的发展

多元文化在世界范围内的不断发展对教育研究也产生了重要的影响。多元文化教育的发展走向如下：

（1）促进教育从一元走向多元

纵观人类文化发展历程，经过了一个由文化一元隔阂，到文化多元并存，再到文化多元互动的过程。教育因其与政治、经济、文化的密切关系，面临着新的挑战。教育应当成为和平以及国际理解的促进者；教育应当承担起培养年轻一代的宽容、公平、尊重以及思考自由的品质的责任；教育不仅要宣传文化历史与传统对当代社会多种文化的重要意义，更要致力于理解和把握文化的过程性、连贯性与变化性，促进文化的认同；教育应当成为引导学生尊重与理解其他文化、促进人类文化平等与和谐、推动世界稳定与发展的重要手段。

多元文化教育包括为全体学习者所设计的计划、课程或活动，而这些计划、课程或活动在教育环境中有助于让学生尊重文化的多样性，也有助于让学生加深对不同团体文化的理解。这种教育能够促进学生学业成功，增进学生的国际理解，并使学生同各种排斥现象做斗争成为可能，其目的应是让学生从理解自己的文化发展到鉴赏邻国的文化，并最终鉴赏世界性文化。

自20世纪30年代至今，联合国教科文组织在其组织召开的一系列国际教育大会中，均体现出对世界上多元文化的承认和对各个民族文化的尊重以及对民族传统文化的保护、传承与创新的重视。自古以来，世界各国、各民族的多元文化教育系统及其实践各具特点，为改进、提高、相互学习、借鉴提供了巨大的潜能和丰富的资源，成为教育改革、教育创新的巨大资源库，这些资源不仅为教育提供了丰富的内容，同时也为教育成效的取得提供了丰厚的沃土。因此，当下的教育应当从多种文化中吸取养分，向学生展示世界不同文化的异同，并为促进多元文化的发展做出努力。

（2）促进教育从隔离走向理解

当今世界，人类活动范围逐渐扩大，人类社会由封闭、半封闭与隔阂的状态转变为半开放、开放与相互交往的状态，社会经济由地方性的自给自足向全球化转变。历史的进程使过去的"文化孤岛"被文化多元所替代，文化的排他性被文化的包容性所替代。不同人类群体间的交流也越来越频繁、密切，文化间关系由相互疏远到相互接近，由相互独立到相互依赖。这种世界文化格局所带来的文化怀乡的愁绪以及对民族文化的追思，引导人们从一个更新、更高、更远的视角去思考教育所培养的人的品格，去重新审视人类的文化与各民族文化，去建构新的世界文化图景。与此同时，文化人类学的研究成果揭示了文化差异背后人类的相似性与相通性，为各民族的相互尊重、相互沟通提供了人类学的启示。

（3）促进教育从封闭走向开放

就全球范围而言，为冲破文化边界的藩篱，解决文化间的冲突而实施的教育政策经历了三个发展阶段，即由突出种族优越感的同化教育，演化到多种文化并存的多元一体化教育，然后过渡到多种文化互动的多元文化教育。第一阶段的主要特征为种族中心，试图融合全部现有文化；第二阶段的主要特征为种族多元，是一种基于对各种文化认可基础的文化多元视角的教育；第三阶段的主要特征为种族互动，是一种基于对多元文化关系的洞察基础的、符合文化发展规律的各种文化间的相互接触、相互渗透、相互影响的教育。多元文化教育的发展历程实际上是社会文化发展的历史脉络与当代社会文化间的平等交流、多样化发展的关系的反映，是一个从地区性教育行动到全球性教育行动的演变过程，是一个从文化静态取向教育到文化动态取向教育的转变过程。因此，新的世界局势要求重新审视主流文化教育的出发点与归宿，正视与改善教育存在的局限性，满足多元文化群体的文化需求，保证来自不同文化群体的学生能够学业成功。

（二）多元文化背景下英语教学的原则

1.文化性原则

学生学习英语不仅仅是在学习单词及其语法，同时也是在学习语言文化。语言既是文化的一部分，也是文化的重要载体，因此文化教学理应成为语言教学的重要组成部分。

加强对文化知识的传授，鼓励学生积极参与实践。教师在强调学生基础知识积累的同时，应该贯穿英语交际能力的培养，注意英语文化知识的传授。例如，在课堂上讲授有关文化的知识，鼓励学生利用课堂、课外进行练习和巩固，积极举办英语沙龙活动或进行英语演讲比赛、话剧表演，开展英语讲座、听报告、听广播、看录像活动等，培养学生在实际中运用语言的能力和技巧，提高学生的听、说、读、写能力，增加学生的知识。

在教材的处理上，教师可以结合课本内容，不断拓展、引出相关的文化信息。词汇是语言中最活跃的成分，也是文化载体之一。因此，在平时的教学中，教师应注意介绍英语词汇的文化意义。

在语法教学中，教师也可以结合多元文化进行讲授。教师可以通过适当的英汉语言对比，启发学生讨论，激发学生的学习兴趣，使学生增加知识量，扩大知识面，帮助学生牢固地掌握英语语法，提高他们运用英语的能力。

2.交际性原则

英语学习的最终目的是使用英语，英语教学的最终目的是培养学生对英语的综合运用能力。因此，在教学过程中，教师要始终遵循交际性原则，以培养学生的交际能力为最终目的。也就是说，要培养学生运用所学的语言知识在不同的场合、与不同的对象进行有效、得体交际的能力。

第二节 多元文化对高校英语教学的挑战

一、我国多元文化课程的目标

（一）追求社会的公平、正义

人与社会之间具有十分紧密的联系，这一点是毋庸置疑的。马克思关于人的本质是一切社会关系的总和的论述再次说明了这个道理。不过应注意的是，人与社会之间的关系，并不总是团结、统一的，人与社会之间的矛盾与斗争也是永恒存在的，而对社会公平、正义的追求则是这种矛盾、斗争的永恒主题。不论是我国先祖对大同世界的期待，还是西方哲人对理想国的憧憬，都反映了人们对社会公平、正义的向往和追求。

一般来说，社会的公平、正义往往具有时代性的特征，社会的公平、正义在不同的历史时期会表现出不同的主题。此外，社会的公平、正义也在很大程度上受到文化因素的制约，并被文化价值观所指引。多元文化作为社会文化的一种存在形态，具有悠久的历史，并在世界范围内广泛存在。特别是我们中华民族的文化，在长期的历史发展中以"多元一体"的发展模式取得了灿烂的成就。起初，多元文化是作为移民、少数族裔等群体反对种族主义、争取民主权利斗争的武器而兴起的。面对西方社会主流文化的同化和排斥，多元文化群体要求承认和尊重各自种族的文化，通过消除因文化的差异所产生的不平等，改善自身的生存发展条件。

要实现多元文化课程对社会公平、正义的追求，首先就要承认不同文化是平等的。在对待其他地区的文化、种族和国家价值理念等时，要始终保持公正平等的态度，要有多元文化的理念和精神，这样才能培养出具有多元文化视野的学生。在处理多元文化课程的"多元"与"一元"的关系时，人们常常面临艰难的抉择，实际上，只要把"多元"统一为社会的公平、正义，很多问题就可以迎刃而解。

（二）推动文化的多元共生

文化的多元共生在很久以前就已经存在了，并不是突然兴起的。文化的多元共生是文化发展的基本形态，在全球化的今天，多元文化正面临着更大的挑战，尤其是在现代主义二元对立的思维方式高度发展的现代社会，文化之间的冲突日益成为影响世界和平与发展的重要因素。所以，多元文化课程在这个问题的解决上将会发挥重要的作用，这是受其目的制约的，即社会的公平、正义有赖于文化的公平、正义，而文化的公平、正义的体现就在于文化之间的平等共存。

（三）促进学生的交流合作

与普通的英语教学目标相比，多元文化课程的教学目标具有一定的特殊性，即多元文化课程更注重发展学生的交流合作能力，尤其是在经济全球化的时代，学生的交流合作能力是其立足未来社会的重要保证。不过，学生的交流合作是有前提的，他们应做到以下几点：

1.认同和接纳民族文化

民族文化是一个民族在长期历史发展中积淀下来的宝贵财富，具有十分深刻的内涵。中华文化是有着悠久历史和强大生命力的文化，它之所以能源远流长，就是因为我们的民族文化一直保持着"多元一体"的发展模式，这种发展模式使得中国各个民族在融为一体、发展文化的同时，也保持着各自鲜明的民族特色和文化传统。文化不是一个虚无缥缈的名词，它是实实在在存在于我们的生活中的，是我们生活方式和思维方式的体现，也是对我们日常使用的语言文字和道德观念的总结。在多元文化的时代，对于一个民族的文化，既不能盲目地接纳、全盘照收，也不能封闭自身、贬低不同的文化，而应该对民族文化进行批判性的继承和发展。

2.理解和尊重世界文化

全球化教育的主要目标是帮助学生理解当今世界上国家间的相互依赖关系，帮助学生明晰对其他国家的态度，帮助学生建立对世界共同体的反思性认同。21世纪，各个国家不再是完全隔离的个体，国家与国家、地区与地区之间的联系越来越紧密，各种文化之间的交流也因此更为频繁和密集，当然，文化之间的碰撞也是不可避免的。在这种情况下，全球问题也日益增加。要面对和解决这些问题，需要我们不断加强国际之间的理解与合作。

3.进行批判性的思考

从客观上讲，现实社会并不像想象当中那样美好，现实社会中往往存在这样或那样的难题，同样，多元文化之间也常常存在诸多的冲突和纷争。因此，我们要培养学生自主判断的能力，使他们形成批判性的思考模式，这也是多元文化课程建设的重要目标之一，有利于提高学生的文化批判和文化选择能力。文化在不停地变化、发展，它是有具体表象的，而不是仅存在于抽象描述中的，因此对于文化主体的判断和评价不会是纯粹并且客观的，评价会因为时间和大环境的变化而出现偏颇。所以，在文化评价和学习中，应不断地超越和创新，这是文化发展的一种方式，也是文化学习中的价值追求，而这一切，有赖于学生提高批判性思考的能力。

二、多元文化视野下英语课程的价值选择

（一）获得多元文化知识，建立文化多元的概念

多元文化的含义表明，我们所生存的世界是由各种不同的文化群体共同构成的，每一种文化都有其产生和发展的独特背景，都有其独特的价值。因此处于多元文化背景之下的英语教学，应该让学生接触到丰富的多元文化知识。由于现代生活的飞速发展，各个文化群体之间的交流和碰撞日趋频繁，在对异国文化的理解上难免会出现偏差。为了避免出现文化冲突，应尽量在文化交流中表达理解和尊重，需要让学生在学习过程中就感受到各国文化的魅力，建立文化多元的概念，这对学生个人的成长以及社会未来的发展都是有积极意义的。在教学过程中，教师应引导学生平等地看待本民族文化和其他民族、地区的文化，这是十分重要的一点。

（二）培养多元文化意识，增加对异国文化的尊重与理解

在英语课程开展的过程中，教师应该有目的地引导学生理解异国文化，为他们提供了解和学习异国文化的机会，让他们对不同文化都保持尊重的态度，从而形成学习他国文化的思想基础。对异国文化持有尊重的态度是更好地学习英语的前提。

（三）发展批判性思维，对本国文化进行反思

实际上，多元文化教育所需处理的问题是十分复杂的，学生应当运用自己的批判性思维来对众多问题进行分析和判断，由于这些问题往往具有一定的敏感性和争议性，学生就更需要秉持开放、客观、诚实、理性的态度来处理，从而获得积极的、健康的、建设性的学习成果。

批判性思维的培养能够让学生主动去了解一些社会资料，如政治、经济等，丰富的资料能让学生以辩论或者对话的方式，升华自己的思维和看法，进而完

善自己的思想观点。巴西教育家保罗·弗莱雷曾指出，学生之间的辩论过程是十分重要的，它能让学生之间产生交流和理性的冲突，能让学生通过辩论与交流，修正各自的立场，培养优秀的思维模式。

（四）锻炼实践能力，提高多元文化交往能力

要想提高学生的多元文化交往能力，首先应该解决相互隔绝的语言教育的问题。事实上，语言不仅是一种交流的工具，还是特定文化的重要载体，同时，语言也是民族心理的表征、民族认同的标志。在语言学习的过程中，学生能够从目的语文化的成员的角度，理解他们的观点，从而增强对多元文化的认同感。从这一层面来看，语言课程在任何一种形态的多元文化教育中都得到了足够的重视，明确这一点是十分重要的。

三、多元文化背景下英语教学的发展趋势

（一）多元文化课程开发模式

1.多元文化课程开发概述

（1）课程开发的概念

课程开发，是指以哲学、心理学、社会学等不同的学科为理论基础，在长期的课程教学实践和理论研究中，总结课程特点，加入不同的课程理念和其他学科的课程经验，对课程进行改造与设计。课程开发需要经过拟定课程的组织与结构、制定课程目标、选择合适的课程内容、完善课程评定标准这几个环节。认真了解课程开发的意义和内涵，对多元文化课程开发模式的建构具有重要作用。

（2）多元文化课程开发

多元文化课程的设立和实施是实现多元文化教育目标的重要一环。在多元

文化课程的开发过程中，有很多因素会对其产生影响，大体可归纳为以下三点：①各民族自身的深层文化心理结构是多元文化课程的心理基础，它会对多元文化课程的开发产生深刻的影响。②如何挑选合适的民族文化资源并将其编入多元化文化课程，是课程开发中需要慎重对待的问题。③在课程设计中如何保持民族的多元和一体的张力，也是一个重要的问题。在课程开发初期，要求对社会学、文化学、教育学、民族学和民族心理学等多个学科进行系统的考察和分析，同时还要考察各民族的民风民俗以及文化历史传统等情况，综合研发出最适用于多元文化课程的内容。

2.本土化建构模式

每一个民族在发展的过程中，都形成了自己独特的知识体系，即我们经常提到的"本土知识"，也就是由本土人民共同分享的知识，如我国传统的藏医药、彝医学等。这些"本土知识"所具有的价值是非常大的，它能对当地人民的生活产生很大的影响，同时也是当地人民的精神财富。本土人民是依靠传承下来的"本土知识"形成分析问题和解决问题的视角的，这也是他们所熟悉的认识世界的一种思维方式。从这一层面来讲，实现可持续发展和独立发展的重要基础，就是本土知识的顺利重建。这就要求我们在课程开发中密切关注各民族的本土知识结构和民族信仰，以及他们的价值观和文化结构。

此外，我们也要尽量消除本土知识"边缘化"的刻板印象，借助本土知识的魅力，引导更多人消除对本土文化的偏见，建立真正的多元化的发展方式。

（二）英语教学的发展趋势

1.多元文化与双语教学

（1）自主化

现今国际双语教学多以"自身"为出发点，各个国家和民族也以如何更好地发挥主观能动性为双语教学模式的核心，强调独立自主的双语教学发展路线。

除此之外，其也特别重视语言教学中民族优秀传统文化的弘扬和传承。

（2）多样化

双语教学在多元化文化大背景的影响下已经变得越来越多样化，它不再只局限于一种形式，而呈现出多种教学模式并行发展的态势。各个国家、各个民族都存在地区差异和文化差异，从这一角度来看，未来的双语教学仍然会保持多样化的发展格局，这对于文化间的相互交流是具有战略意义的。

（3）整合化

双语教学并不只包含对两种语言的学习，也包含对这两种语言所处的文化的学习。针对这个概念，著名多元文化教育专家班克斯曾针对多元文化教育中的民族文化学习问题提出四种途径，即"贡献途径""附加途径""转换途径"和"做出决定和采取社会行动的途径"。

①贡献途径是指在课程的基本结构、目标和计划不变动的基础上，加入对民族英雄故事和民族节假日的介绍，这是最简单的一种将民族教学融入日常教学的方法，但其缺点是所教内容有局限性，可能会加深学生对其他民族的刻板印象。

②附加途径是指在不影响原有课程计划和目的的情况下，在课程中加入一个特殊主题或一堂课来专门介绍民族的文化历史，常见的如对名人传记的讲解等。这种方法的局限性在于易让学生从主流视角来看待其他民族的文化，从而失去了多元化视角。

③转换途径是让学生从多个少数民族的角度来分析问题，教师要将多个少数民族的观点和参考标准整合到课程教学之中，让学生从他们的视角感受社会的性质、发展及其复杂性。这有利于学生进行全面理解和换位思考，对于双语教学未来的发展具有探索性的意义。

④做出决定和采取社会行动的途径，进一步要求学生在学习之后，针对现象提出问题和相应的解决方法，这种途径对学生提高自我思考能力是有积极意义的。

这几种途径对双语教学多元化的发展有深远的意义。

（4）现代化

现代化在一定程度上来说就是双语教学的目的和要求，它要求人具有前沿的思维方式和思想观念，并有积极的开拓精神和进取心，其个人发展要符合现代社会的要求，最终实现人的全面发展，这也是双语教学的核心内容。

2.多元文化背景下的英语教学要传承民族文化

多元文化背景下的英语教学要传承民族文化，主要有两个方面的内容：第一，应当让学生充分了解本国和本民族的文化，实现对民族优秀文化的继承和发扬。第二，应当培养学生客观、独立和辩证的思维方式，引导学生用辩证的眼光看待本族文化和西方文化，形成自觉抵制西方有害文化侵蚀的能力。教师也要有意识地去学习不同文化区域的知识，在掌握语言专业知识的同时，充分利用科学技术发展带来的便利条件，加强对中西方文化知识的学习，通过自身的不断提高，为学生树立多元化文化学习的榜样，强调文化的重要性，以感染学生不断努力、进步。

3.英语教学要突出人文教育的重要地位

从本质上讲，人文教育也是人性教育，对学生进行人文教育的目的就在于让学生充分发挥自身的潜力，从而实现全面、和谐的发展。总的来说，人文教育旨在通过人文精神的熏陶来培养学生的人文素质，让学生在适应社会发展需要的同时，满足社会对人才的要求。人文教育的复兴始于一些西方国家的高校，这些学校希望学生的科学学习和人文发展齐头并进，形成均衡、和谐的全面发展态势。

在高校英语教育和人才培养中进行人文教育的研究，主要包含以下几方面的内容：

①在高校英语教学中进行人文教育的理念及思想研究。

②在高校英语教学中进行人文教育的必要性研究。

③在高校英语教学中进行人文教育的途径和策略研究。

④在高校英语教学中进行人文教育的模式探索及可行性分析。

除以上所列举的内容外，还有针对在高校英语教学中进行人文教育现状的调查研究及提出相应对策的实证研究等。总的来说，当今高校英语教育中的人文教育的研究内容是非常丰富的，对之后教育工作的开展有十分深远的意义。

第三节 多元文化视域下高校英语教学的新探索

21世纪的人类社会中，文化呈现出多元化的发展趋势，其原因是经济全球化发展。而文化的多元化发展也影响了各个领域，如科学研究、艺术创作等。除此之外，随着全球化进程的加快，各个国家和区域之间的交流也日益频繁，因此对综合应用型英语人才的需求就更为迫切了。同时，新的社会发展环境对我国高校英语教学提出了新的要求。高校教育在多元文化发展的影响和推动下，迎来了新一轮的机遇和发展契机，同时很多高校教育尤其是英语教育中的问题和有待优化之处暴露出来。那么抓住机遇，让高校英语教育呈现前沿化、多元化的发展态势，则是接下来的首要任务。面对这些问题，我国高校英语教育亟须开展新一轮改革，应加快教师团队的转型和优化，为培养综合应用型的英语人才铺平道路。

一、多元文化背景下高校英语教学的现状

随着科技的进步和发展，信息的传播速度越来越快，文化的更新、迭代也日益加快，多元文化的发展日趋成为主流。在这一背景下，高校英语教学的主要目标是培养具有跨文化交际才能的综合型英语人才。文化的多元化发展要求当代的高校英语教学不能只教授语言，而应该着眼于培养高校学生的跨文化交际才能，局限于语言技能和语言知识的教学会在一定程度上妨碍全方位英语人才的培养。

虽然高校英语教育的教学目标已初步确立，但也要注意到许多非英语专业学生的学习基础是薄弱的。大部分学生缺乏真实的语言交际能力，将学习精力主要放在对英语语法和词汇的学习上。这样的结果就是很多学生虽然在语法和词汇上有很高的水平，在一些英语考试中也能取得很好的成绩，但是一旦真正进入英语口语交流环境，往往就会出现文化背景差异造成的交流障碍或交流失败等情况。这种现象一直存在于我国的高校英语教学，高校英语教师也在注意到这些情况之后，积极完善了高校英语中的跨文化教学模式。这种模式的主要体现是，教师会将跨文化交际列为英语课堂教学的主要内容，加强对英美等英语国家文化背景的介绍与教学。在这种教学模式的驱动下，现在高校英语教学已经由单一目标教学转为多目标教学，会在教学中结合学生的个人特点进行个性化教学，从而满足不同学生在英语交际中的实际需求。

二、多元文化背景下高校英语课程模式改革

一直以来，我国的课程模式以单一性质的文化课程为主，而不是多元化的课程安排。在多元文化逐渐成为主流的今天，虽然我们已将多元文化的课程理念融入教学，但实际推行与开展的仍然是一元文化课程，这是需要我们深刻反

思并进行改善的情况。一元文化课程的推行，在一定程度上也是对主流文化族群的推行，其所伴随的就是其他族群的文化和知识不能得到很好的传播，这不利于文化的全面发展，也会造成主流文化族群的盲目自大。基于这个情况，高校英语教学应该以多元文化思维为指导，来进行课程的安排。

多元文化课程改革的目标可归纳为两点：第一，要以本国文化环境为对象进行反思和改革，为本国文化的创新发展提供动力；第二，对他国优秀文化要持有尊重的态度，严格筛选后使用，课程设计要符合学生的生理、心理发展需求，让学生身心协调发展，构建科学化、合理化的多元文化课程体系。

高校英语多元文化课程模式的建设，需要以课程目标为基础，以完成预期的课程目标为宗旨，其具体操作方法包括以下几种：

第一，从课堂的基础教学环节入手。教师要在英语课堂教学的过程中，引入对英语国家文化、历史背景的介绍，这对于学生更好地了解语言原生环境、提高学生英语实际应用水平有很好的作用。此外，对英语国家文化历史的介绍还能帮助学生拓宽视野和理解本土文化知识。在教学中，教师还应该注意不同语言文化之间的差异，做好文化介绍和引导的工作，帮助学生分辨文化之间的不同之处。做好这些基础性的教学工作，才能让学生真正深化对英语国家文化历史的认知，了解英语背后的文化内涵，从而更好地在交际中应用和交流。

第二，对所引入的知识进行整理和规划。多元文化课程教学，并不是简单地对外国文化进行说明，而是需要将英语国家的历史、文化知识进行整合和归纳，有针对性地进行讲解和教学。教师要引导学生用正确、客观的态度去对待异国文化，在课堂中融入其他民族和国家的文化内容，让学生在文化自信的基础上，有选择性地接受异国文化的熏陶，从而实现自我完善。

综上所述，在多元文化发展的背景下，高校英语的课程设计需要以学生发展为核心，以推动学生发展为根本。在课程选择上，应尽量符合多元文化的发展特点和时代发展的规律，从根本上提高学生在跨文化环境中的文化理解水平，让学生在面对异国文化时，既有本民族文化自信心，又能平等地对待异国文化，实现语言文化教学的科学发展。

三、多元文化背景下高校英语教学改革要求

（一）教学目标要清晰

教学目标的设立是否准确，对高校英语教学质量有直接的影响，因此要从促进高校英语学科发展的角度来制定教学目标，同时要对高校英语教育人才培养要求和质量有一个统一的标准。在 21 世纪以前，我国高校英语教学的重点一直是教学的工具性，教学内容主要是培养学生英语的听、说、读、写等基本技能。之前的英语教学大纲，对于学生英语学习技能的全面发展以及学生英语实际交流能力的培养，都是不甚重视的。但随着社会的不断发展，高校英语教学的目标和理念也在不断变化，现在，文化性和实用性成为高校英语教学的首要目的，高校逐渐开始重视英语教学中的人文教育。这也预示着在今后的发展之中，高校英语教学会延续这一科学发展路线，将文史哲等文化教学内容融入课堂教学，结合高校学生的身心特点和学习兴趣，制定合理有效的教学目标，充分发挥教学目标的引导作用。总的来说，无论是 21 世纪之前的英语的工具性作用，还是现在多元文化背景之下英语的人文性特点，都是学生思维方式和语言技能的培养目标。工具性和人文性交融发展的教学目标旨在挖掘学生的学习潜力、培养他们的人文文化精神、提升他们对英语的运用能力，从而不断提高学生的英语语言技能和人文素养。

（二）注重教学内容的选择

高校英语教学目标的实现要依靠教育内容的设计，高校英语教学内容的选择要考虑到教学目标和预期效果、教学过程和方法以及教学的实际效果与评价标准，这都是影响高校英语教学有序进行的核心因素。在多元文化背景下，选

择高校英语教学内容时要理论结合实际，既要满足实用需求，又要结合学生的具体情况综合选择。也就是说，高校英语教学要保持之前的教学优势，同时也要重视社会环境的变革，充分关注语言的最终运用环境，让学生在学习书本知识的同时也能实际运用，从而实现全面的发展。这些教学内容的选择要点，要求我们坚持多元文化教育观。在培养学生听、说、读、写能力的同时，应结合学生的发展需求，为学生提供更多的学习资料和学习平台，让学生带着兴趣去学习，真正了解语言文化的魅力。

（三）狠抓教学过程

正确进行教学设计和选择正确的教学方法，是教学开展的关键点。在教学的具体开展过程中，教师的语言、能力和文化水平都会影响教学的最终效果，此外，教师与学生的互动情况、教学设施和教学环境等也都是教学开展过程中需要注意的问题。因此，要想整体提高高校英语教学水平，就要从上述几个方面入手进行改善。学校应该结合自身师资队伍和教学设施的情况来具体分析。作为教学的具体执行者和管理者，高校英语教师要在保持坚定文化自信的基础上，围绕培养学生的跨文化语言能力这一目标进行课程设置、开展课堂实践活动，从而解决英语教学中教学模式单一的问题，丰富学生的实践体验。与此同时，教师还要时刻注意更新自己的知识储备，随时将新的教学手段和教学成果纳入教学过程，保证课堂的科学性和前沿性，从而提高学生的认知能力和英语水平。

（四）发挥教学评价的积极作用

教学评价是对教学实施的反馈，也是对教学课程安排的补充。对高校英语的评价反馈是高校英语教学进行改革和优化的重要依据。多元文化背景下的英语教学是以学生和谐发展为目标的新型教学模式。因此，要想发挥教学评价的积极作用，就要尊重学生在教学活动中的主体地位，要以学生的文化修养和语言能力的提升为核心,结合具体的教学目标和教学实施情况对高校英语教学进行评价。评价标准不能是单一的,应该将整体与局部相结合、质性评价与量化评价相结合、特色评价与常规评价相结合,进行综合性的评价反馈。运用多元化的评价机制可以得出合理、有效的评价结果,并最终推动英语教学模式的良性发展。

四、多元文化背景下高校英语文化教学改革

(一)高校英语教育中文化缺失的表现

1.缺乏对英美文化发展史的基本认识

我国高校英语教材内容涉及的英美文化有限,学生对英美文化的了解大多来源于高中历史课,这种情况限制了学生对英美文化的深入学习。高校学生很少接触英美历史文化,所以他们很难有效地学习英语,也很难感受到英语文学作品的内涵,因此降低了学习英语的兴趣。由于缺乏相关文化和历史的基本知识,学生理解英语语言时缺乏最基本的背景基础,这就导致了其英语阅读能力的有限性和判断文章准确性的不足,影响了学生的学习效果。

2.对英美语言与英美文学的关系缺乏正确认识

对于高校学生而言,英语的学习过程就是了解他国文化的过程。他们可以通过阅读英美文学作品来提升自己的英语综合能力。了解语言文化对于英语学习极其重要。然而,在高校英语教学中,英美文化与语言学习没有相互融合,导致学生对英语的学习和文化理解无法统一,文化在教学中的价值得不到凸显。语言与历史文化有密切的关系。通过学习英语,高校学生可以对英美文化有更加深入的了解,可以从语言系统中感受一个民族的文明和发展。但在高校英语教学中,教师往往只注重教材,很少将语言学习与文化进行融合,使学生不能

感受到文化在语言学习中的重要性，从而影响了英语学习的效果。高校英语教育对英语文化以及相关文学作品重视不够，不能使学生的文化意识有所提高，打击了学生学习英语的积极性。

3.对英美国家的概况缺乏认知

语言是一个民族或国家的重要文化，语言是伴随着一个国家的发展而发展和完善的。如果想学好一门语言，学生需要对这个国家的历史发展有一个大体的了解。高校英语教学往往涉及英美政治、历史、社会生活等内容。然而，高校学生对英美国家了解不多，高校教材中与英美文化知识相关的内容较少，无法与英语学习内容进行衔接，影响了学生对英语学习内容的理解。

高校英语教师对学生的指导并不完善，许多教师只是单纯地完成课堂任务，而没有在课堂中加入英美文化历史知识，限制了学生的英语学习能力的发展，自己的教学水平无法得到有效提高，学生的语言学习也无法达到理想的效果。文化差异会导致对不同语言产生不同的理解，学好一门语言的前提是了解这个国家，包括它的经济、政治、文化、历史等。在高校英语教学中，高校学生总是被动地完成教师布置的任务，对英美文化知识又不太了解，这对英语学习非常不利。

（二）高校英语教育中文化教学的完善策略

1.用英美文化知识充实英语教材

当前，高校英语专业教材缺乏英美文化知识的内容，有必要补充一些英美文化知识，以帮助学生更好地学习英语。在英语教材中应增加一些额外的知识内容，将英美的历史、政治、社会、文学等方面内容呈现给学生，使高校学生通过了解英美文化知识，对英语学习内容产生更深入的理解。对高校英语教材进行一些调整，加入一些短篇故事来激发高校学生学习英语的兴趣。高校英语教师应积极鼓励学生在课外活动中多了解英美文化，拓展和补充教材内容，提高学生的英语阅读和理解能力。由于高校英语教材中的英美文化知识内容具有较大的局限性，教师可以采用其他教学方法，将更多的英美文化知识内容展示给学生，使学生可以了解到更多的知识，从而调动他们的英语学习积极性。高校英语教师也可以利用现代科技手段，通过组织学生观看一些英美文化影片，使学生树立文化思维，提高学生的英语综合能力，也促进自己教学水平的提高。

2.英语教师英美文化教育观的转变

高校英语教师应适时改变传统的教学方法，重视英美文化知识，将更多的英美文化知识融入英语教学，促进教学水平的提高。高校英语教师应具有先进、正确的教学观念，要清晰地认识到提高高校学生的英语综合应用能力才是高校英语教学的主要目的，在英语教学过程中，要将英美文化知识与语言教学相结合，使学生对所学习的英语内容有更好的理解。向学生介绍英美文化知识，可以激发学生对英语学习的兴趣，提升学生的创造力。高校应为英语教师提供更多接受英美先进文化理念的机会，提高教师的综合教学水平，帮助学生更好地学习英语。高校英语教师需要不停地对教学思路进行更新，更好地为高校学生讲解英美文化知识，从而有效地提升学生的英语综合应用水平和交际能力，为高校学生毕业后的就业和发展打好基础。

3.英美文化学习成果评价体系的构建

作为一个专业的学科，英语学科需要一个完整的教学评价体系。在英语教学中，教师应加强对英美文化知识的传授，将学生英美文化知识的学习成果纳入语言学习效果的评价内容。通过对教学效果的跟踪评价，可以证实英美文化学习对英语学习的价值。教师可以根据定期评估的结果，找出学生在学习英美文化的过程中需要进一步改进的地方。此外，该评价体系能有效地监督英美文化教学中教师教学任务的落实情况。教育评价体系还可以通过奖惩机制对优秀人才进行奖励。将这种有效的评价体系与英美文化学习和英语学习相结合，能使英语学习达到事半功倍的效果。

综上所述，高校英语教育受到的社会关注正在逐渐增多。为了向社会输送更多优秀的英语综合型人才，高校需要不断更新英语教学方法。英美文化知识对高校英语教学产生的积极影响不可估量，这说明英语学习不能只注重语言，需要更深入地探究语言的文化背景。对于高校英语教学中存在的问题，高校应该采取针对性的解决方案，英语教师应采取多种有效的手段对学生进行英美文化知识的传授，以帮助高校学生更有效地学习英语，提高英语综合能力。

第四节　多元文化背景下中华文化自信在高校英语教学中的培养与实现

一、文化自信的内涵

在新时代下，民族、国家和政党要想取得高质量发展，坚定的文化自信是确保其发展的关键。文化自信不仅是"更基础"的自信，还是"更广泛"的自信和"更深厚"的自信，其中"更基础"的自信，是指中华优秀传统在五千年来形成的根基和底气，以及时代背景下延伸的革命精神、改革精神和时代精神；而"更广泛"的自信，是"中国方案"的提出，使文化呈现宽容与开放的态度；"更深厚"的自信则是指吐故纳新，开创未来过程中呈现的新气象、新面貌和新格局。

二、多元文化背景下高校学生文化自信培育的现状

在全球化进程的推动下,国家间经济交流、合作增多,多元文化背景逐渐形成,在这一多种文化并存的复杂文化环境下,大量文化信息和思想冲击着学生的内心,虽然给学生文化素质的培养带来了机遇,但是会不断影响学生的价值观念,甚至会对中华优秀传统文化和革命文化以及高校思想教育中的主流思想产生严重冲击,这样复杂的环境严重影响了高校学生文化自信的培育与发展。并且大部分高校在培育文化自信过程中,过分重视专业知识、专业技能等内容的教育与传授,文化的教育与传授相对弱化,文化推广的力度也不够强,文化教育与思想政治课程的融合相对不足,这不仅影响思想政治课程的感染力和吸引力,也会影响文化育人作用的发挥,并且在家庭与社会教育中,文化教育越来越少,这给高校学生的文化学习以及自我文化素养的发展带来极大阻碍。而且,大部分高校学生的心智相对不够成熟,加上功利性教育理念的影响,导致学生在潜意识中对于文化教育和学习不够重视,价值判断能力相对较低,再加上文化多样化持续推进,更是加大了高校学生文化自信培育的难度。

三、中华文化融入高校英语教学的路径设计

这里从教学实践的角度出发,探讨在高校英语教学实践中融入中华文化的具体教学途径,包括:①重构教学内容,深入挖掘教材中中华文化的思政元素,使之有机融入教学。②升级教学模式,实施基于"产出导向法"的线上线下混合式智慧教学模式,提升文化传承意识与能力。③重塑课程评价体系,建立以文化价值观为导向的多维立体化评价体系。

（一）重构教学内容，深入挖掘教材中中华文化的思政元素，使之有机融入教学

高校英语的教学内容主要基于教材。当前高校英语教材内容多选自英语国家作家作品或报纸、杂志，教材的显性内容也以展现西方英语国家政治、经济、文化的内容为主，而体现中华文化和中国发展的内容较少。可以说，在现有的高校英语教材里，中华文化的内容失去了话语权或处于隐性内容地位。长此以往，学生在接受西方先进文化或理念的同时，容易形成盲目崇外的思想，弱化对民族文化的自信心和文化传承意识，这不符合高校英语教学目标和要求，不利于高校英语教学改革的深入推进。要想解决这些问题，需要对高校英语教学内容进行重构：一方面我们应加快高校英语教材建设、改革的步伐，增大高校英语教材中中华文化内容的比重；另一方面也需要教师基于现有教材内容，深入挖掘其中有关中华文化的内容，增加中华文化的输入，重构高校英语的教学内容。要重构高校英语内容，可以从以下两个方面着手：

1.明确教学中所融入的中华文化内容的具体范畴

明确教学中所融入的中华文化内容的具体范畴，即对融入什么样的中华文化内容有清楚的界定和分类。中国特色社会主义文化，源自中华民族五千多年文明历史所孕育的中华优秀传统文化，熔铸于党领导人民在革命、建设、改革中创造的革命文化和社会主义先进文化，植根于中国特色社会主义伟大实践。很显然，高校英语重构内容中的中华文化应该包括中华优秀传统文化、革命文化和社会主义先进文化。如教师可在探讨高校教育意义的过程中，引入对《大学》《为学》等传统文化经典著作或文章的介绍，以及传统文化中对"大学"概念、高校教育和自身修养以及社会责任关系等内容。教师可以融入传统文化中有关家庭、亲情等的相关内容；可以通过介绍中国教育科技的发展情况，融入社会主义现代文化等相关内容；可以融入革命文化中的英雄故事和精神等内容；也可以融入现代文化中爱国、敬业等社会主义价值观内容。

除了要明确融入什么样的中华文化，对融入内容的比重也需要注意。针对高校英语教材的内容调查研究表明，中华优秀传统文化和革命文化在高校英语教材中所占比重较低，内容渗透不足。因此，在中华文化融入教学的过程中，要加大中华优秀传统文化和革命文化内容的比重。

此外，对这三类文化还可以再进行细致的分类和划分，使融入内容的范畴更加清晰化和具体化，这样有利于具体地探讨这些内容的有效融入途径，也有利于教师深入挖掘教材中有关中华文化的思政点。总而言之，明确中华文化的具体范畴，可以为重构教学内容提供先决条件。

2.深入挖掘、提炼教材中的中华文化内容，并根据内容设计融入途径和呈现方式

重构教学内容时，需要以一定的内容模块为单位（通常以 1 个单元的授课内容为单位），根据需要融入的具体中华文化内容、内容融入的具体途径、内容融入的具体呈现方式以及最终要达到的融入效果，编写每一授课内容模块的中华文化融入计划单。以教学"Heroes of Our Time"为例：①中华文化融入具体内容：引导学生学习革命文化中英雄无私奉献和敢于牺牲的精神，培养学生的社会责任感，激励学生不忘初心、牢记使命，为实现个人和社会价值努力奋斗。②中华文化融入具体途径及呈现方式：课前发布有关英雄的重要讲话文本以及《觉醒年代》影视片段等视频，教师布置导学任务；课中，教师通过分组讨论和小组发言的形式，引发学生对英雄话题的讨论；课后，教师通过布置写作任务，来让学生进行文化内容的输出。③中华文化融入教学设计所要达到的预期效果：学生能掌握有关英雄称谓、品质等相关的语言表达；学生能够读懂有关英雄故事的文章，学生能够用英语讲述英雄的故事和讲解自己对英雄的看法（通过写作、翻译等产出性练习来检验）；学生在思想上受到英雄事迹的感染和启发，能真正领悟英雄的精神并化为行动的力量（通过学生在课前和课中的话题讨论中的表现或问卷调查等方式来检验）。

同时，在授课过程中，教师还应结合所挖掘的中华文化内容与教材中的西方文化内容进行对比讲解，增大中西文化差异对比方面等内容的比例，在培养学生跨文化交际能力的同时，增强学生的文化自信。例如，在介绍西方经典神话的同时，教师可以融入中国神话故事和传说，并引导学生通过对比中西方典型神话人物形象，对神话故事所折射出的中西方文化元素的共同和不同之处进行深入的思考。

总之，要重构教学内容，积极探索中华文化的呈现方式和融入途径，内容选材要贴近生活和实际，能引发学生的兴趣；融入形式也应多样化，要巧妙地将之融入教学的各个环节。文化融入既能提高学生的文化素养，增强文化自信，又能提升学生用英语传承中华文化的能力。

（二）升级教学模式，实施基于"产出导向法"的线上线下混合式智慧教学模式，提升文化传承意识与能力

在高校英语教学中，要有效融入中华文化，不仅要重构教学内容，还要升级教学模式，充分利用线上、线下资源，将中华文化内容融入高校英语教学。

为了探索中华文化融入高校英语教学的有效教学模式，本研究构建了基于"产出导向法"的混合式教学模式，充分利用云端在线智慧平台，积极探索中华文化有效融入途径，充分将中华文化内容植入高校英语教学的课前、课中和课后的教学环节，着重培养学生的文化自信和母语文化传播能力，提高学生用英语讲好中国故事的产出能力。

1.课前在驱动任务中融入中华文化内容，多渠道丰富中华文化内容的输入途径

课前的驱动任务包括发布导学任务、学生任务性探究和自主性学习探究三个阶段。教师通过线上网络平台发布导学任务单和学习内容计划表，明确每个单元的教学目标和产出任务（主题性学习与知识技能性学习相结合，融入中华

文化内容），为学生提供课件、视频、习题及解析、扩展材料以及链接数据等导学资源，学生根据自己的需求和任务清单进行自主性学习，进而对产出任务进行尝试性探究，提升其输出能力。

教师在单元驱动任务中要充分融入中华文化内容，如布置有关红色文化的演讲任务、以中华文化为主题的写作任务或翻译任务等，同时，通过各种资源渠道增加、丰富关于中华文化的输入性材料，通过云端在线智慧平台发布包括文本、PPT 以及视频等在内的中华文化内容的导学任务，导入中华文化话题，引导学生在课前对这些内容进行讨论，掌握学生对这些话题的认知程度、兴趣度和期待点，并根据这些反馈设计课堂任务、开展任务训练等。

2.课中增加高校英语课堂中的"中国声音"，丰富中华文化内容的课堂融入途径

教师根据课前学生的反馈，充分利用课程活动，在主题导入、篇章结构分析、词汇语言运用、课中翻译、写作练习等各个环节融入中华文化内容，通过项目共建、小组讨论、演讲、角色扮演、小组展示等课堂形式，促成学生对所融入中华文化内容点的学习、吸收和理解，使文化内容的学习和语言表达能力的培养紧密地结合起来，在帮助学生增强文化自信和文化传承意识的同时，能有效提高学生用英语表达中华文化的能力。

3.课后产出评价，积极开展第二课程活动

课后对融入中华文化内容的单元产出任务，如主题写作、翻译练习、演讲稿、调查报告等进行评价，检验中华文化融入效果。教师可通过 i-test 发布在线测试，通过 i-write 发布单元写作任务，开展单元输出项目成果评价（生生互评/师生评价），通过 U 校园在线完成情况统计数据掌握学生线上作业完成情况，并进行实时的监控与督促，也可通过 QQ 群进行在线答疑活动，提供针对性的、个别性的指导。

同时，积极开展第二课堂活动，充分利用社团活动、社会实践活动等，通过开展英语演讲比赛、学术讲座等活动，推动中华文化融入校园生活，培养学生用英语讲好中国故事的能力，提高学生的文化自信。

（三）重塑课程评价体系，建立以文化价值观为导向的多维立体化评价体系

高校英语教学要达到培养学生文化自信、提高学生文化传承能力的目的，需要重塑评价体系，建立以文化价值观为导向的多维立体化体系。目前，高校英语教学的评价体系主要基于检测语言知识和技能掌握程度的过程性评价和终结性评价体系。该体系主要以语言技能评价为导向，而要提升文化融入的效果，就需要改变单纯以语言能力评价为导向的评价体系，在过程性和终结性评价体系中融入对学生文化价值观的评价，建立语言能力考察和文化价值观评价导向相结合的多维立体化评价体系。

注重过程性评价，增加过程性评价中对中华文化内容学习情况的评价，如学生完成中华文化内容导学任务、单元产出任务、课堂活跃程度等方面的考查内容，同时还可以在评价体系中增加文化内容的实践评价内容，如学生参加第二课堂活动的情况、完成有关读书报告的情况以及教师对学生文化价值观的评价等内容。同时，也要将中华文化内容渗入终结性评价，在阅读、听力、翻译、写作考试中渗入中华文化内容，真正将提升高校学生用英语表达中华文化的能力落到实处。

重塑课程评价体系，是中华文化有效融入高校英语教学的重要保障，也是培养学生文化自信的关键途径。

高校英语教学要达到培育文化自信的目的，必须要多角度、多方位地探索中华文化的融入途径，将语言能力和文化素养的培养有机结合在一起，积极探索两者有机融合的途径，避免因生硬融入而出现"两张皮"的现象。要达到两者有机融合的理想效果，一方面要求高校英语教师提高自身文化修养、提高利

用中华文化内容开展思政教育的意识，另一方面也要求教师充分利用教学资源，提升深入挖掘有关中华文化内容的能力，积极尝试和大胆创新中华文化融入高校英语教学的各种方式和途径。

  同时要认识到，注重中华文化融入高校英语教学，并非完全否定或排斥西方文化，而是通过文化共同性和差异性的对比，培养学生的思辨能力，使学生能用客观、批判的眼光看待西方文化和西方价值观，认识到中华文化的优秀，加深对中华文化的认同感，在学习过程中，也能提升用英语表达中华文化的能力，最终达到增强文化自觉、文化自信，传承民族文化的目的。

第七章　新时代高校英语信息化教学创新与实践

第一节　信息技术与英语教学融合

一、信息技术与高校英语教学的生态整合

（一）信息技术与高校英语教学整合的内涵

信息技术和英语教学的整合是教育界发展的必然趋势。所谓信息技术与高校英语教学的整合，就是以素质教育为主体，将信息技术贯穿英语教学，从而促使学生和教师共同学习、进步。具体是以教师为主导，充分发挥学生的自主探究能力，调动学生的积极性和创造性，改变传统的以教师为主体的教学方式，让信息技术成为培养学生综合能力的主要途径，进而提升学生的综合素质。

高校英语课程教学改革始终走在我国高校英语教育信息化改革的前列，随着我国高校英语信息化教学改革的逐步深入，高校英语生态化教学体系建设取得了一系列的成果，体现为：

①信息技术与高校英语课程整合后，传统"理论/方法+课程/教材"的二维教学模式逐渐被"理论/方法+信息技术+课程/教材"的新型立体教学模式取

代,信息技术的有益补充是新型高校英语教学体系的一个重要特征。

②信息技术与高校英语课程整合后,教学环境变得更加真实、丰富,师生关系、生生关系以及师生与教学环境之间的关系也都在发生着积极的变化。

③信息技术与高校英语课程整合后,高校英语教学理念发生了变化,以教师的"教"为中心的单向灌输型课堂,逐渐被教学并重、强调培养学生自主学习能力的多元互动型课堂替代。两者的整合不仅有益于生态化教学体系的建立,更有助于我国英语教育生态系统的形态、结构和功能发生积极的调整,提升了信息技术在高校英语教学体系中的作用。

(二)信息技术与高校英语教学体系的生态失衡现象

为解决教学资源短缺、师资紧张的问题,许多高校被迫扩大班级规模。如此一来,教师在高校英语教学过程中就无力关注学生的个体发展需求,故因材施教的个性化教学理念就成为空谈,违背了教育生态学的适度原则。为保证教学效果,高校英语教学多采用多媒体教学模式。然而,信息技术并未真正融入高校英语课堂:①教学班级庞大、教学任务繁重使得教师无力借助多媒体、互联网等媒介,组织丰富多彩的课内外教学活动;②许多高校英语教师特别是较年长的教师,受限于自己的教学理念和信息技术的操作水平,多媒体教学设施的引入并未从本质上改善其教学组织手段,"以学生为中心"的教学理念并未真正落实。在这样的英语教学环境中,知识的流动仍然是单向的,师生、生生、教学环境等生态因子之间缺乏必要的信息交流和情感互动,不利于学生的个性发展和自主学习能力的培养,影响了复合型英语人才培养目标的实现。

教学评价是教学设计的最终环节,是高校英语教学体系的一个重要组成部分。然而,许多高校的英语教学评价仍采用"期末成绩+平时成绩"的单一终结性评价模式,忽略了计算机教学管理软件等信息技术在评价体系中的重要作用。这种评价方式存在评价主体单一、主观性强、缺乏对教学的反馈、与未来工作环境需要脱节等问题,不利于学生个体全面、和谐地发展。因此,构建生态化高校英语教学评价体系，应该改变过去单一的教学评价模式，发挥信息技术的积极作用，尊重学生个体发展的差异性。

（三）整合信息技术与高校英语教学体系，维护教育生态平衡

第一，高校英语生态课堂建设机制。作为高校英语生态教学体系的微观层面之一，个性的、互动的、开放的高校英语课堂生态体系的构建程度将直接影响高校英语教学体系的生态平衡状况。高校英语教师要善于借助信息技术打破传统的"平面"课堂，构建数字化、网络化、智能化、人性化的"立体"课堂，建立真实的语言学习环境，加强教师、学生、环境之间的多向信息流动，强化课堂学习与课外实践的关联性。

第二，利用信息搜集工具完善高校英语教学目标。在生态化高校英语教学体系中，虽然教师和学生所处的地位、扮演的角色不同，但他们之间是相互依存、相互作用的，只有建立和谐、平等的师生关系才能实现良好的教学效果。高校英语的教学目标是培养学生的英语综合运用能力，提高学生的综合人文素质，通过学习策略的培训提高学生的自主学习能力，满足我国经济社会发展的需要。需求分析是构建高校英语生态教学体系的一个重要环节，是设计各环节教学活动的基础。通过广泛的需求分析，学校和教师可以清楚地了解社会的需要和学生个体发展的需求，从而更好地确定高校英语培养目标。以多媒体、互联网为代表的信息技术的飞速发展，为开展需求分析提供了多种途径，如 E-mail、QQ 群、微信群等在需求信息搜集中发挥着重要的作用。

第三，利用信息加工工具设置高校英语课程。教师在确定高校英语教学内容时，应结合学生的专业发展需要并借助信息技术对相关信息进行加工、分析，明确英语在学生未来工作中的使用场景，从而有针对性地确定教学内容；在教师传授基础英语语言知识的过程中，课堂活动和实践（实习）活动也应该模拟学生未来的工作任务，把语言训练与技能培养有机地结合起来。各高校只有以社会的发展需求和学生的个体发展需要为基础，科学地设置高校英语课程，才

能实现高素质复合型英语人才的培养目标。

总之，21世纪以来，以互联网和多媒体为代表的信息技术的飞速发展对人们的教育和学习理念产生了深远的影响，改变着传统高校英语教学的环境、师生关系，为高校英语教学提供了前所未有的发展空间。同时，这些改变打破了原有的高校英语教学的生态平衡，引发了诸多失衡现象。教育生态学作为一门新兴学科，体现了生态学思维和教育学理论的有机结合，强调教育实践活动中各生态因子间的和谐、平衡和可持续发展关系，为诸多教育问题的研究提供了新的视角。

二、信息技术环境下高校英语微课模式的构建

微课教学是近年来信息技术快速发展下出现的新型教学模式，其最大的特点在于在传统课堂中融入现代化信息教学内容、颠覆传统上课时间。在微课教学模式下，课前，学生通过下载教师上传于互联网的资料，进行随时随地的自主性学习，完成课前预习内容，并与不同教师、同学在网络中进行实时互动和交流，进而完成新知识的学习以及旧知识的巩固。

（一）微课的特点与优势分析

1.微课视频时间较短

视频资源作为微课教学的核心信息传达方式，以短小、精练为主要特点。教育心理学理论研究发现，成年人的注意力相对于未成年人来说更容易集中，但是若集中时长过短，学习效果将大幅下降，严重影响教学质量。微课视频的时长普遍为十分钟到十五分钟，甚至更短，以便在学生注意力高度集中、精神紧张的时间段完成全部知识点和考点的讲解，进而实现提高教学效果和质量的最终目的。

2.微课视频内容清晰、重点突出

微课主要是针对教学全过程中的重点内容、难点内容的讲解和分析,其关键在于讲解过程简单易懂,在几分钟到十几分钟的时间内将重点和难点完全呈现在学生面前,有利于学生的理解和接受。微课教学所呈现的教学内容清晰、明确,能够很好地突出重点,并通过声音、图像等差异性表达方式的有机融合,将全部的知识点包括细微之处全部展现出来,使学生把握、认清学习重点,帮助学生答疑解惑、排除疑问,帮助教师完成在课堂中难以完成的教学目标。

3.微课视频应用便捷

微课教学的重要载体是微视频,微视频具有内容精简、时间较短的优势。通过信息技术环境下的互联网平台,师生能够实现各种微视频的快速下载和学习,只要有互联网,教师和学生、学生和学生之间就能进行沟通、交流。由此可见,微课还具有高效率、便捷性等一系列优势,并且受众群体的课堂不再受空间制约,无论学生身处何处,图书馆也好,公交车上也好,均可以利用微课自主学习的方式完成学习任务。

(二)信息技术背景下微课教学模式在高校英语教学中的影响与作用

1.激发学生学习热情,促进学生积极主动地进行英语学习

微课教学模式依托于互联网微视频,将图像、音频等各种信息传达方式结合为统一体。其一,微课教学模式能够为英语教师提供更加丰富、种类繁多的教学资源。其二,有利于激发学生对英语的学习热情和兴趣,通过视频的方式,教师可弥补英语课堂的种种不足,完成英语课堂中难以实现的教学任务。具体而言,教师在以教学内容为基础组织教学的实际过程中,将课堂内需要讲授给学生的知识难点、重点制作成符合学生需求的微视频,在课堂中播放给学生,改变传统教学中以教师单方面说教为主的单向灌输模式,以新颖、活泼的视频

内容吸引学生的注意力，用短短几分钟的时间将知识重点展现出来，进而为学生留出大量讨论和自我思考的时间，使学生具备充足的时间去吸收和理解知识，加深学习印象。同时，教师在利用微课进行英语教学的过程中，改变传统"灌输式"的教学方法，灵活安排视频播放时间，利用微课营造良好的教学氛围，继而实现学生学习兴趣、热情以及积极性的进一步强化。

随着互联网、计算机等信息技术的快速发展，网络中各种类别的视频更新速度极快，高校英语课程不再是传统意义上的灌输式教学，也不再是乏味无趣的代名词，而是集图像、声音、文字于一体的，特色鲜明的，有声有色的全新教学形式。微课不受地点和时间的制约，只要有网络和简单的上网工具，学生便可随时随地享受英语学习带来的乐趣。此外，学生在进行微课学习的过程中，如果遇到没听懂、不理解的情况，还可以将视频进行反复播放，使自身突破英语学习瓶颈，充分感受英语语言文化的独特魅力。

2.实现高校之间的英语教学资源共享，提升教学资源质量

微课不但改变了高校英语传统的教学模式，而且展现了各个高校英语教师的教学成果，是教育教学工作的关键组成部分。微课是展现教师思想理念与从业经验的载体，不同英语教师的微课所表达的教学思想、教学方式、教学技巧以及教学风格均存在一定的差异。在信息技术快速发展的宏观背景下，教师利用互联网信息平台，将自己制作和主讲的微课视频上传至网络共享平台，在为学生提供便捷的自学条件的同时，还能够加强自身与本校其他教师、外校教师甚至国外教师之间的交流和资源共享，极大程度地拓展了高校英语教学资源的数量和种类，为自身提供了更为广阔的创新空间。由于信息时代的互联网覆盖范围极广，英语教师上传网络平台的微课教学视频，随着点击量、播放量以及其他影响因素指数的不断上升，将会受到更多英语教师、英语学习人员以及社会其他领域人员的关注。反之，质量相对较差的视频将被淘汰。如此一来，英语微课教学视频资源的质量将会越来越高。

3.总结优秀英语教师教学技巧，提高自身的英语教学水平

对于高校英语教师而言，既然采用微课教学模式，必将进行微课视频的准备工作，这也正是教师对教学内容进行再思考的绝佳时机，有助于教师以更加灵活的方式合理把控教学内容，是实现英语教学创新的有效举措。教师在进行微课视频制作或寻找的过程中，将对自己日常教学中存在的不足和缺点进行总结，并更加准确、完美地把内容呈现在视频当中。同时，教师也可主动学习其他英语教师的先进教学方法和技巧，探索优秀英语教师的教学思路、理念和范式，充分结合学生的实际特点和需求，最终总结并融入视频，促进教学实效性的提升。

对于水平不同、层次不同的英语教师来说，微课教学的侧重点差异较大，对于一个刚刚走出校门的新任英语教师来说，利用微课教学模式，其可以在归纳视频资料时完成自我学习，巩固自身理论知识，学习他人教学方法，大幅提高自身英语教学的水平和质量。

（三）信息技术环境下高校英语微课构建的具体措施

在国家大力发展信息技术的宏观背景下，微课逐渐在高等教育中的各个科目普及，微课视频具有内容精简，时间简短，能够准确突出重点、难点，可以重复播放，不受时间地点限制等多方面优势，能够有效解决我国高校英语教学开展过程中存在的大量问题，转变传统与改革进退两难的教育窘境，实现高校英语教学的实质性、根本性改革。

需要加强微课和教学活动的结合，并融入理论教学和实践教学的各个环节，充分展现和发挥微课的多方面优势与特点，在提高学生英语水平的同时，激发学生对英语的学习热情和兴趣。

1.微课在高校英语教学过程中的具体时间设置

以在一节英语课中应用微课教学模式为例，可以分为课前、课内和课后三

个不同时期。依照具体教学要求,英语教师可以选择自行录制英语教学微课视频,或选择在互联网教育平台中下载优秀微课视频,为学生进行播放或要求学生在课后观看。

在课前微课视频的选择方面,可以选择对于下节课的教学内容具有引导性和导入性的视频,或者选择与下节课有关、能够激发学生英语学习兴趣的趣味性视频。

在课中微课视频的选择方面,也需要依照具体教学内容、进度进行合理安排。可立足学生的实际学习情况和反馈,利用信息技术环境下的大数据分析技术,归纳出学生日常观看次数最多、频率最高的视频,继而在课堂上向学生展示。在展示的过程中,教师还需要对视频中的内容进行补充和完善,学生也可以随时举手向教师提问,做到当场解决问题。利用微课模式的英语课堂,能够大幅度促进学生对英语知识点的感悟和理解,同时互动式、交流式的方法能够让教师精准找出学生学习中的不足,进而采取针对性策略。

在课后微课视频的选择方面,应选择能够对课堂内容进行补充、总结的视频,使学生进一步巩固所学知识。也可选择能够拓展学生知识面的视频,使学生在观看时发现问题、提出问题,培养学生的独立思考能力。

2.微课在高校英语教学过程中的具体内容设置

微课不仅是一种全新的教学手段,更是营造良好课堂气氛、提高学生各方面能力的有效工具。因此,教师在选择英语微课内容时,不仅要重视英语知识讲解的功能性,还要兼顾英语语言文化的趣味性,选取能够充分展现英语语言文化特征、展示英语国家风土人情的微课视频。虽然前些年的英语语法教学范式已经逐渐被淘汰,但语法依然是大量高校学生英语学习的薄弱点,所以教师在选择视频内容时,还要注重语法性知识的输入,对课堂中的语法教学内容进行补充,以视频讲解提升学生的英语语法水平。在微课视频制作方面,应充分考虑教学情境,使学生在观看的过程中有代入感。此外,教师也可以让学生参与微课视频的制作，成为视频内容的主导者和策划人，让学生从自身实际需求的角度制作视频，继而使视频内容更加贴合学生的特点。例如，教师可以将微课视频设置成对话模式，使学生能够在观看视频的过程中通过暂停键、开始键的切换，与视频中的教师完成模拟英语语境对话，学生通过反复练习，英语口语水平、听力水平将得到有效提高。

在微课内容选择或制作的过程中，需要注意微课以点及面的延伸功能，内容绝对不能偏离教学重点，不可追求范围广、内容繁多的讲解，内容需要具有针对性。此外，为提高微课视频对学生的影响力，在制作微课视频时，教师应把握学生的心理特征，将社会实时性热点引入视频，或使视频内容附带一定的娱乐性色彩，从而调动学生的学习兴趣，让学生充分感受英语的魅力。例如，在制作微课视频时，可以将当下年轻人普遍喜爱的卡通动漫融入其中，激发学生的学习兴趣。

综上所述，随着现代信息技术水平的不断提高，计算机、大数据等高新技术涉及的领域不断拓展。高校作为我国培养应用型、复合型人才的主基地、主战场，必须与时俱进，结合时代背景，将信息技术合理应用于教学改革、教学创新的实际工作，充分结合微课等现代化教学模式，合理把握课前、课中、课后三个时期，将英语教学微视频渗透其中。在合理安排课程时间和内容的基础上，激发学生对英语的学习兴趣、提升学生英语水平和实践能力，使学生带着问题走入课堂，带着问题离开课堂，并通过观看视频自行解决，继而进一步提升学生的自我思考能力。这与我国高等教育改革的基本要求高度一致，因此将微课合理运用于英语教学，具有极高的可行性。

三、信息技术环境下高校英语课堂的有效教学

随着信息技术与教育融合的不断深入，课堂教学结构、教学模式与评价

标准都应顺应信息化的时代潮流，人们对"有效教学"概念的认知也在不断地被解构和重构。因此，随着以互联网和移动通信为标志的信息技术与教育的结合越来越紧密，重新审视高校英语有效教学具有重要意义，以下旨在探索信息化背景下高校英语的有效教学。

（一）融合信息技术的高校英语课堂有效教学

"有效教学"概念在20世纪60年代西方教育的科学化运动中被提出，几十年以来，学者对有效教学的研究从未停止，且随着时代变迁和教学观念的变化，研究的视角和焦点也不断变化。例如，从最初只对教师的特征和品质的研究，发展到对教师的教学行为和教师知识的关注，以及对教师与学生心理、行为特征及课堂生态的研究，研究的视野逐渐从教学系统的某一个或几个要素的作用扩展到对整个教学生态系统的整体关注。也就是说，学者们渐渐认识到所谓的"有效教学"不是教学系统中某一个孤立要素或几个相关要素的"部分有效"，而是作为一个系统的教学在"整体上有效"。教学系统中，各要素相互配合、相互适应，共同建立一个健康、高效运转的课堂教学生态系统，这样的教学才是真正意义上的"有效教学"。

信息技术作为课堂教学系统的要素之一，不再仅仅扮演教学辅助工作的角色，而是成为重塑系统要素关系的主角。目前，信息技术不再仅仅是内容展示的工具，更是营造良好学习环境、发展学生认知能力和构建学习社区等方面的工具，在此背景下，其他要素的角色和功能也相应地变化，课堂"有效教学"的内涵和标准也因此需要重新定义。

（二）信息技术环境下高校英语课堂有效教学研究

这里从结构、模式和评价标准三个维度构建高校英语有效教学研究框架，这种结构、模式和评价标准"三位一体"的研究框架强调教师、学生、教学内容与信息技术相互适应、协同发展，有效地促进课堂教学系统健康地发展。

1. 融合信息技术的高校英语课堂有效教学结构研究

所谓教学结构是指在一定的教育思想、教学理论和学习理论指导下，在某种环境中的教学活动进程的稳定结构形式，是教学系统各要素之间相互作用的稳定关系。信息化背景下的高校英语课堂教学结构研究的关键是要探讨在信息技术广泛介入教学和学习过程的情况下，课堂教学系统要素即教师、学生、教学资源和信息媒体是如何互动并促进有效教学的，即探索信息化背景下高校英语课堂有效教学的影响因素及其相互关系。

2. 融合信息技术的高校英语课堂有效教学模式研究

教学结构研究探索教学系统要素间的相对稳定关系，是从静态的角度描述融合信息技术的高校英语课堂有效教学"是什么"的研究，而教学模式是开展教学活动的一套计划或模型，是基于一定教学理论建立起来的较稳定的教学活动的框架和程序。如果把课堂教学看作由教学结构、教学模式和教学策略等三个不同层次构成的复杂系统，教学模式位于系统的中间层次，融合信息技术的高校英语课堂有效教学模式则是信息化背景下联系教育思想和教学实践的桥梁和纽带，它不仅反映教学设计者的教学思想，还能直接面向教学实践、指导教学实践。

建立在信息化教学理论基础上的高校英语课堂有效教学模式研究，采用"基于设计"的研究路径。首先，从理论上设计高校英语课堂教学模式，然后在真实的教学环境中实施，以验证其效果；分析教学实践效果和反馈信息，进行反思，并对设计进行改进；通过不断的迭代循环，逐步排除设计缺陷，使模型设计臻于完善并值得信赖，从而保证教学模式的有效性。

3. 融合信息技术的高校英语课堂有效教学评价标准研究

无论是教学结构模型的探索和验证，还是教学模式的设计与完善，都需要教学实践经验和数据的支持，因此，教学效果反馈应该贯穿高校英语课堂有效教学研究的全过程。课堂教学评价体系的建立为有效教学结构和模式研究提供信息反馈和监控机制，是融合信息技术的高校英语有效教学研究设计必不可少的组成部分。

融合信息技术的高校英语课堂教学评价有两重含义：一是以信息技术为辅助工具的教学评价，如借助信息技术平台和大数据，实现对课堂教学更加准确、及时的反馈和监控；二是以信息技术作为课堂教学系统要素之一，评价信息技术与其他要素相互作用、协同发展的有效性。本研究主要关注后者，即研究融合信息技术的高校英语课堂教学系统各要素是否相互配合以达到最优的教学过程和令人满意的教学结果。

对于这方面的研究，健康课堂生态理论具有借鉴意义。健康课堂生态系统以教师教学活动和学生学习活动为中心，实现活力、组织结构、恢复力三要素动态平衡，它们分别发挥激发、协调、调控的功能，共同保障课堂生态系统的健康运行。借鉴健康课堂生态理论，本研究中的"融合信息技术的高校英语课堂有效教学评价体系"可以从高校英语课堂教学系统的活力、组织结构和恢复力三方面来构建，即从教学投入、学习投入、互动性和课堂生态恢复力等几个维度分别评测教师和学生这两大活力主体的能量和活动性、活力主体之间及其与教学环境互动的复杂性与活动符合对方需要的"合意度"、课堂生态在外力"胁迫"下维持理想状态的调控能力等。

在借鉴健康课堂生态理论和高校英语课堂教学特征的基础上，根据文献建构的理论概念，还需要征求英语教育专家、一线英语教师和学习者的意见，并与实际教学经验和案例相结合，才能使理论得到验证和完善。具体可以通过专家咨询、师生访谈、案例分析等形式收集信息，总结高校英语课堂有效教学评价维度和主要因子，然后展开实证研究。大规模开展问卷调查和数据统计以及对评价量表进行实证检测，可使这些因子得到确认、修正、补充和完善。

信息化背景下，以教为中心的教学结构转变为"主导—主体"的教学结构，不仅网络媒体给课堂带来了先进技术，且教师、学生、教学资源、教学媒体这四个课堂教学的核心要素在教学过程中,作用和表现形式也都发生了实质性的转变。

以上在回顾以往有效教学研究历程和成果的同时,立足信息化背景,怀着对"信息技术与教育深度融合"的追求,提出了融合信息技术下的高校英语课堂有效教学研究设想,即基于扎根理论的教学结构研究思路、"基于设计"的教学模式探索路径和基于健康课堂生态理论的有效教学评价体系的研究构想,旨在为信息化背景下高校英语课堂有效教学研究提出设想,并将在随后的研究中逐步实施和修正该研究方案,以推动高校英语有效教学研究不断适应教育信息化发展的要求。

第二节 "互联网+"时代自主学习教学模式创新与实践

一、高校英语自主学习教学模式的内涵

自主学习教学模式是以行为主义心理学家所认为的自主学习,包括自我监控、自我指导、自我强化三个子过程为理论依据的教学模式。认知建构主义学派的代表约翰·弗拉维尔认为,自主学习实际是元认知监控的学习,是学习者根据自己的学习能力、学习任务,积极主动地调整自己的学习策略和努力程度的过程,它是在教师指导下,创设学生自学、思考的情境,通过师生及生生间的互相交流、探讨,归纳、总结出学习内容的重点和规律性的知识,从而促使

学生掌握知识、建立自己的认知结构、实现"他主性"到"自主性"的转变、开发多元智能的一种教学方法。

自主学习教学模式并不等同于自学，也不是无教师主导的教学。它是一种以教师为主导、以学生为主体的，既培养学生综合语言运用能力、又注重发展学生自主学习能力的全新教学模式。教师的教学信念影响着教育实践和学生的身心发展，使用适当的教学模式对于提高教学效果有着至关重要的作用。

二、高校英语自主学习教学模式准备策略

教学是一种有目的、有计划的活动。在活动之前，教师需要进行必要的准备，在头脑中或书面上形成一个计划。足够的课前准备是有效教学的前提，学生一届届更换，知识一天天更新。即使教授同一课程，教师仍需认真备课，以保证教学的针对性，这样可以减少在教学时的不确定感，找到一种方向感、自信心和安全感，也可以借此过程学习、收集和组织材料，安排时间和活动顺序，制订计划。以下从课堂教学的基本要素包括教学目标、材料、行为和组织形式，来对课堂教学准备策略进行探讨。

（一）教学目标的确立

教师进行教学计划主要有两种不同的模式：一种是"整合计划"模式；另一种是"目标、手段详细计划"模式。我们采取第二种模式，这是一种技术性、策略性的取向，先把宽泛的目标一步步地分解为具体的目标，然后根据详细的目标选择、组织教学内容，选择合适的教学行为、教学组织形式，形成详细的教学计划，即教案。

高校英语教学是以英语语言知识与应用技能、学习策略和跨文化交际为主要内容，以英语教学理论为指导，集多种教学模式和教学手段于一体的教学体

系。高校英语的教学目标是培养学生的英语综合应用能力，特别是听说能力，使他们在今后的工作和社会交往中，能用英语有效地进行口头和书面的信息交流，同时增强其自主学习能力、提高综合文化素养，以适应我国经济发展和国际交流的需要。教学目标是教师开展教学活动的指南。教学目标与学生的学习目标应该是一致的。应让学生认同并真正理解目标，让学生积极参与目标的制定，发挥其主动性。

高校英语的教学目标是培养学生的英语应用能力，增强跨文化交际意识和交际能力，同时发展自主学习能力，提高综合文化素养，使他们在学习、生活、社会交往和未来工作中能够有效地使用英语，满足国家、社会、学校和个人发展的需要。

根据我国现阶段基础教育、高等教育和社会发展的情况，高校英语教学目标分为基础、提高、发展三个等级。在三级目标体系中，基础目标是针对大多数非英语专业学生的英语学习基本需求确定的；提高目标是针对入学时英语基础较好、英语需求较高的学生确定的；发展目标是根据学校人才培养计划的特殊需要以及部分学有余力的学生的多元需求确定的。高校英语教学与高中英语教学相衔接，各高校可以根据实际需要，自主确定起始层次，自主选择教学目标。分级目标的安排为课程设置的灵活性和开放性提供了空间，有利于实施满足学校、院系和学生个性化需求的高校英语教学。

（二）教学材料的加工

根据教学的意图或目标对可得到的材料进行编制、研究和分析是准备工作必不可少的环节。教学材料是指教学内容的各种形式的载体。教科书是满足课程标准和确定教学目标的重要保证。为了使学生打好语言基础、培养语言应用能力、提高文化素养，教科书应为课堂教学提供最佳的语言样本和有系统性、有针对性的语言实践活动的材料。

教师要充分利用教科书所提供的语言材料组织好课堂教学和指导学生课

外自学。此外，教师可以采取集体备课形式，结合教学大纲及教学计划，在深入了解所教科目知识的性质及学生的需要、兴趣、能力水平和学习思维习惯特征的基础上，集众人的智慧，共同编制、补充教学的相关课件和辅助教科书，根据实际教学对象的特征，选择和组织相关教学内容，以便更好地创设适合学生的教学情境。结合信息技术手段，在课堂上以声、像、图、文等多种形式为学生展示教学内容，以更好地补充教科书。相关课件和辅助教科书的外观色彩鲜明，内容贴近现代生活，围绕学生这个主体向外扩展，让学生在学完一个单元后懂得自己能做什么，在相同的情境中该怎么去听与说，在不知不觉中提高听说技能，消除可能产生的心理问题和听说障碍。相比之下，传统教科书却很容易给学生留下较为呆板的印象：一幅图、一段材料、一个生词表、几道练习题，色彩单一，排版单调，学生不感兴趣，对英语学习的兴趣就会降低。将教学课件与教科书有机地结合，为我们展示生活中方方面面的知识，提供诸多与学生现实生活切实相关的话题，可以提高学生对语言知识的运用能力。

（三）教学行为的选择

根据教学目标或教学意图，教师对教科书进行选择、确定等处理后，还必须考虑什么样的教学行为才是适当的。选择教学行为的依据如下：

1.教学目标或教学意图

教师在每节课都要针对认知领域、情感领域及动作技能领域设定一定的目标或教学意图，将采取何种教学行为与教学领域及要达到的教学水平联系起来考虑。教师主要着眼于学生的自主性，以指导的形式为学生提供学习情境、创造学习条件，让学生主动参与教学活动，促进其英语综合能力的提升。

2.学生情况及需求

学生是学习的主体，教学的有效开展依赖于学生的参与。教师所选择的教学行为要与学生的认知水平、经验水平、学习风格相符合。当某一方式符合学生的能力、需要和兴趣时，他们会感到非常自如，并且学习效果最好。高校学生在认知发展方面已具有丰富而完备的学习策略，在自我发展方面已成为其自身发展的主体，在学习方法方面对自主性要求较高，教师在选择教学行为时都应有所考虑。

3.环境因素

在进行教学行为选择时，教师还应该把环境因素考虑在内，诸如可用的空间及各种信息技术手段等。

（四）教学组织形式的设计

教学组织形式是指教学活动中，教师与学生为实现教学目标所采用的社会结合方式。课堂教学组织形式基本分为三种：第一种是全班组织形式，通常称班级授课制；第二种是分组组织形式；第三种是个别组织形式。教师可采用不同教学组织形式相结合的方式，如某高校根据自身实际教学情况，实施如下教学组织策略：

1.分级教学

高校英语教学应贯彻分类指导、因材施教的原则，以适应个性化教学的实际需要。

高校英语教学以英语的实际使用为导向，以培养学生的英语应用能力为重点。英语应用能力是指用英语在学习、生活和未来工作中进行沟通、交流的能力。高校英语在注重发展学生通用语言能力的同时，应进一步提高其学术英语或职业英语交流能力和跨文化交际能力，使学生在日常生活、专业学习和职业岗位等不同领域或语境中，能够用英语有效地进行交流。

高校英语根据三级教学目标提出三个级别的教学要求。基础目标的教学要求主要针对英语高考成绩合格的学生。提高目标和发展目标的教学要求针对高校入学时英语已达到较高水平的学生,也是对学生英语应用能力要求较高的专业的要求。对于英语高考成绩基本合格的学生,学校可适当调整基础目标的部分教学要求。

高校英语三个级别的教学要求分为总体描述和单项技能描述。总体描述包括语言技能与知识、跨文化交际能力和学习策略的要求;单项技能描述则从听、说、读、写、译五个方面对三个等级的教学目标做进一步的说明。各高校应依据《大学英语教学指南(2020版)》,结合学校、院系和学生的实际情况,确定具有本校特色的教学目标和教学要求。

课堂教学改革面临的首要任务,就是以学生客观存在的差异为前提,设计不同层次的教学内容,改革教学模式,使每个学生在最适合自己的学习环境中求得最佳的发展。在实际教学中,教师既要照顾起点较低的学生,又要给基础较好的学生有发展的空间;既能使学生打下扎实的语言基础,又要培养他们较强的实际应用能力;既要保证学生整个在校期间的英语语言水平稳步提高,又要有利于学生个性化地学习,以满足他们各自不同的专业发展需要,以上就是高校阶段英语教学要求的三个层次。

针对学生英语基础差距较大的情况,在信息环境下进行高校英语自主学习教学,可以从新生开始实行"分级教学",即学生入学后参加英语分级测试,根据测试的总成绩和其中的部分听力成绩,以及入学高考成绩进行分班教学。将学生分为一级、二级和预备二级三个级别,即Level1、Level2、Pre-Level2(以下简称L1、L2、Pre-L2)。其中L1针对英语基础中等的学生,L2针对英语基础良好的学生,Pre-L2针对英语基础差的学生。每班人数定为50人左右,如果每院系学生人数不足50人,可以跨院系编班,打破传统高校英语教学中以院系组班的限制。各个级别有不同的教学目标,计划在四学期内,L1学生完成基础英语一、二、三、四级的学习;L2学生完成基础英语二、三、四级的学习和两门英语限选课的学习,两门英语限选课均在第四学期进行,英语限选课将根据教育部要求,并结合学校专业特色及实际情况来开设,如高校英语六级、英美概况,英语中、高级口语,阅读和写作,等等,学生完成高校英语四级的学习后才能进行英语限选课的学习;Pre-L2 学生完成预备级英语一、二、三、四级的学习。切实贯彻因材施教原则,促使有能力的学生向更好方向前进。学生分级后采用滚动管理,定期调整,即"滚动制",L1 和 L2 级别学习突出、拔尖的学生,在完成规定的网上学习课程内容后,可申请提前参加该级别考试。口试、笔试成绩达到本级别优秀水平的,可提前进入上一级的学习。期末考试后,成绩优秀的学生可选择跳级,成绩太差的学生则须降级。每一学期进行一次微调,每一学年进行一次大调。

2.多种课程类型

建立高校英语基础综合类课程和高校英语选修课程的课程体系。该课程体系不仅包括传统的面授课程,更注重基于信息技术环境的高校英语在线课程,将综合英语类、语言技能类、语言应用类、语言文化类和专业英语类等必修课程和选修课程有机地结合,形成一个完整的高校英语课程体系,以确保不同层次的学生在英语应用能力方面得到充分的训练和提高。

在高校英语自主学习教学模式中,学生的周学时数保持在 7 个学时,采取课堂面授和自主学习相结合的方式进行教学。课堂面授教学由两种课型构成,即读写译课和听说兼辅导课。其中读写译课采取班级授课,可以使教师同时为许多学生授课,每周安排 2 学时,教师以指出教学难点、重点并串讲课文等方式,帮助学生掌握基础知识,透彻理解每篇文章的文化内涵,从而提高英语阅读、写作和英汉互译的能力。听说兼辅导课采取小组组织形式,根据不同层次,将每个班分为 8 组左右,每组 8 人,每周为每组学生安排一次面授辅导。这种方式适合学生个别化学习,可以促进小组成员互相激励与合作学习,以师生、生生交流以及教师指导的方式,对每单元的课文和网上学习内容开展主题讨论或合作活动,重点培养和提高学生口语表达能力;同时教师对学生课下网上学习的进度进行督促、检查，随时掌握学生网上的自学效果，答疑解难，个别指导，并根据学生的学习效果决定学生是否可以继续学习。此外，学校建立自主学习中心配置语音输入/输出系统，为学生上机进行听说作业训练创造条件，为学生创造自主学习环境。这种形式给学生提供了比前两种组织形式更灵活的学习进度和时间安排。

三、高校英语自主学习教学模式实施策略

教学实施策略是实现教学目标的关键阶段，涉及多方面的教学策略。教学实施策略的选择应以教学理论为依据，既要符合教学内容、教学目标的要求，又要适合教学对象的特点，还要考虑在特定的教学情境中的必要性和可行性。下面从普遍性策略和具体教学策略两个方面，对高校英语自主学习教学模式实施策略的选择与运用进行分析。

（一）普遍性策略

普遍性策略是指适用于各种课型的教学策略。不管听、说还是阅读、写作，甚至是复习，都离不开教师的组织教学，教师有必要采用不同的方式激励学生。作为师生交互活动的主要组成部分，提问也是任何课堂都无法回避的教学行为。这里将普遍性策略分为组织策略、激励策略和提问策略，下面将围绕这三方面进行探讨。

1.组织策略

有效的课堂组织是成功完成教学任务的一个主要因素。没有教师的有效组织，任何活动都不会产生应有的效果。教师有必要掌握一定的方法和技巧，合理安排课堂活动，了解课堂问题，保证课堂教学顺利进行。课堂上，教师重要的任务是"创设有利于学生自主学习的环境"。现代英语教学理论的发展使人

们对语言的学习和教学有了新的认识。交际教学的普及、人本主义理论的运用让学生成为课堂的主体，使教师的角色发生变化，教师成了课堂教学活动的组织者、控制者、检测者、启发者、参与者和信息源。教师要选择适当的交互模式，课堂内的交互活动是教学活动的载体，交互活动决定着学生的参与程度，交互模式是否得当、运用是否合理等都会直接影响课堂。不管采用什么方式，都应尽可能地让学生参与教学活动。

例如，在进行读、写、译课程教学时，采取合班形式将两班的学生合为一班，在多媒体教室进行班级制授课。教师讲授，配合课前准备的教学课件，通过文本、图像、影视等多种呈现方式，突出教学重点，在有限的教学时间内提供广泛而充足的语言输入信息，扩大学生知识面，大大增加课堂教学容量，使学生以多种感官接受"刺激"，使大脑两半球都活跃起来，从而增强记忆，提高学习效果。对于听力与口语课程，采取小组教学形式，教师指导学生对每单元的课文和网上学习内容进行讨论，让每一位学生开口讲英语，重点培养学生的听力理解能力和口语表达能力。

2.激励策略

动机是影响第二语言习得的主要因素之一。所谓动机，就是对某种活动有明确的目的性，以及为达到该目标而付出一定的努力。第二语言学习者先要有强烈的学习愿望，从而产生学习动机，进而付诸行动。他们当中有相当一部分人的学习动机是工具性的、外在的、短期的被动性动机。许多学生虽然能意识到学好英语的重要性，但是由于缺乏综合性的、内在的、深层次的主动性动机，所以平时不努力，对英语学习也没有过高的要求。他们学习英语首先是为了期末考试及格，其次是为了通过英语四、六级考试，获得英语四、六级证书和学位证书。他们很少考虑语言交际的需要和实际运用能力的培养。在英语学习中遇到困难时，他们不是积极、主动地下功夫克服困难，而是寻找各种途径躲避。动机与英语学习效果的联系极为密切，因此，激发和培养高校学生英语课堂学习动机，是教师面临的一项重要的任务。

（1）动机的激发

一个完整的动机概念包括三个方面的因素，即动机的内在需求、外在诱因和自我调节作用。可以把动机理解为在自我调节的作用下，个体使自身的内在需求（如本能、需要和驱动力等）与行为的外在诱因（如目标、奖惩等）相协调，从而形成激发和维持行为的动力因素。

一是内在需求的培养与激发。动机源于个体的内在需。个体的内在需求在与目标相联系的情况下，就由一种基本需要状态转化为唤醒状态，形成具有一定能量和方向性的驱动力。而驱动力又是行为的直接动因。通过让学生对其学习目标有相应的明确认识，提高其学习的内在驱动水平。持有这种内部动机的英语学习者有持久性，他们不会受外界因素的干扰，会把精力集中于英语学习。在实际教学中，教师要针对教学内容，收集相关内容信息和资料信息获得途径，联系现实生活，为学生创设语言情境或在课下扩展知识提供帮助，这样才能不断满足学生的学习需求和激发学生的兴趣。

二是外在诱因的设置与运用。外在诱因主要是指行为目标和奖惩等。实践教学中，教师要根据学生个人具体情况设置教学目标，目标应稍高于学生已有发展水平，这样更能调动学生学习的积极性，且应将长远目标和近期目标相结合，让学生不断获得成功，在体验成功的基础上形成向长远目标奋斗的动机。美国心理学家赫洛克的试验表明，表扬对提高学习效果的作用远远高于负面反馈形式（批评、训斥、忽视等）。教学中，对于力求避免失败的学生，教师要多给予鼓励。教师的一句"Good!""OK!"或者点头、微笑都可以起到激励的作用。惩罚的作用在于让学生克服在学习过程中出现的注意力涣散和不努力状况，让学生尽力去避免惩罚，从而达到促进学习的目的。但惩罚往往会伤学生的自尊，易引发学生的敌对情绪，不宜频繁使用。

三是自我调节能力的培养。自我调节是连接和协调内在需求与外在诱因的桥梁。在教学中，教师要进行合理预期。预期是指人对某个行为目标实现的可能性大小及其价值的估计,使个体在行动之前对行为的结果产生认识,根据预期来调整自己的行为目标等,使行动方案符合个体的内在要求。教学中,教师还应及时向学生反馈学习效果,让学生及时了解自己的学习进展和结果,获得相应的评价,从而更好地调节自己的学习动机和学习行为水平。

四是自我效能信念的培养。自我效能是一种反映个体对自己用已有能力成功地完成某项活动的信任程度的心理特性,也称自信心。动机的缺乏很大程度上源于自信的缺乏。自我效能信念直接影响教学目标的确立、学习动机中各因素间的协调等。每个学生都有证实自己能力的愿望,正是这种愿望赋予其克服困难的勇气和持之以恒的决心。教学中,教师应让学生自己拟定评估标准,给学习能力相对薄弱的学生以适当的补救性帮助,给优秀学生提供挑战性较大的任务,设计弹性评估程序,使优秀学生看到自己的高水平,使学习能力相对薄弱的学生看到自己的收获。让学生体验成功,肯定其学习的潜能,有助于提高学生的自我效能信念,激发学生的内部动机。

五是结果成败归因的训练。所谓归因,就是个体对自己或他人行为结果产生的解释或推论。在学习活动中,每个学生都会在自己的学习行为及其结果中体会到成功和失败,也都能够找出各种各样的理由来解释自己的成败。归因是否适当,直接影响到学生对自我的判断和对学习的态度。当学生将其失败归结为能力不济,就可能会失去信心;归结为方法不当、努力不够时,他会尝试努力去做。当学生把成功归结为自身能力时,会增强自信;归结为奋斗时,意味着问题的难易程度是适中的。

因此,教师要让学生意识到他们具备学习能力。教师要指导学生个体在学习活动中注意总结成功和失败的经验教训,不将失败归咎于不可控制的因素(运气不好或能力差),而是客观寻找学习中的可控制因素(如努力程度、学习策略运用情况等),并且吸取教训,争取下一次做得更好,培养一种良好的归因心理。归因训练,可解决学生的认识问题,改变学生的归因方式,从而调动学生的积极性。

（2）兴趣的激发与培养策略

兴趣是学习动机中最现实、最活跃的成分。学生有学习兴趣，就会产生求知欲，产生极大的学习热情。教师应充分利用信息技术手段的优势，吸引学生注意力，使学生投入到学习任务中，激发学生学习兴趣。

一是创建积极的课堂环境。大量已有的研究证明，积极的课堂环境能激发学生的学习兴趣，促进学生自主学习。这里的课堂环境，不仅是一个适合学生学习的物理环境，更重要的是适合学生自主学习的学习氛围。学习环境虽然是影响学生学习的外因，但它可以激发学生的学习动力，教师对学生的积极态度能有效增加其学习动机、提高其学习成绩。积极的课堂环境可以促使学生对整个学习过程都充满兴趣，并主动参与学习过程，这正是自主学习的重要特征。

二是创设问题情境，激发学生学习兴趣。问题情境是指不能直接用自己已有的知识处理，但可以间接用自己的知识处理的情境。在教学内容、生活实际与学生求知心理之间产生一种认知冲突，从而把学生引入问题解决的情境中，吸引学生的注意力，使其产生兴趣和好奇心。

三是开展英语第二课堂。教师有意识地激发和培养学生的兴趣，努力使学生的兴趣从有趣、乐趣发展到志趣。英语第二课堂能为学生在课外进行语言实践活动提供环境和指导。开展第二课堂，一方面，学生能够把课上所学用于实践，提高语言实际运用能力；另一方面，实践中的问题反过来指导和激励学生的课上学习，学与用互相加强、互为动力。例如，开办校园英语广播，将新闻播报、英语诗歌朗诵、小对话、文化故事、学习辅导等作为广播内容；创办英语网站，制作高校英语网页，为学生搭建网上学习平台，丰富英语自主学习环境，教师可以在网上布置作业，提供专题辅导、阅读与欣赏优秀作品及竞赛展示等，推荐或提供经典外国电影，为学生播放英文原版电影，使他们在实际情境中感受语言文化；举办中外专家英语讲座，邀请国内外知名高校的专家、学者开展讲座；举办英语竞赛，如演讲、辩论、作文、词汇竞赛等活动，提供一些具有挑战性的任务，激发学生学习兴趣，提高学生运用英语的能力；举办英语口语广场、晚会联谊等活动,加强对学生语言交际能力的训练。

四是培养师生之间的感情,以激发学生英语学习的热情。成功的社会交往能使学生充分体会到安全感,频繁而有效的交往也能很好地激发学生在群体中的个人学习动机。营造轻松、热烈的课堂气氛,减少学生的情感焦虑,使师生之间高度和谐,可以激发学生学习兴趣。师生之间民主、平等的关系更有助于唤醒学生的自我意识,保障自主学习顺利进行。也可以运用信息技术,计算机可以"扮演"教师角色,更加耐心、公平地指导学生学习,创造一种和谐的信息环境,使学生没有压力,敢于冒险,大胆尝试,增加成就感和英语学习兴趣。

3.提问策略

提问是课堂教学中最常见的策略之一,也是最富影响力的教学艺术。学生只要产生了好奇的心理,求知欲和探索欲就会促使其去探索。教师通过创设问题情境,在教学内容、生活实际与学生求知心理之间形成一种认知冲突,从而把学生引入问题解决的情境。提问、回答作为高校英语课堂中最普遍的一种话语形式,可以增进师生之间的交往,激发学生的学习动机,调控教学过程,对语言习得有很明显的促进作用。提问可以保证学生在学习活动中的参与度,对交互活动的开展有很大的促进作用。问题是组织教学的主要手段,适用于课堂教学的各个环节。

(1)计划策略

要使学生积极参与提问,教师应提前确定提问的目的,选择问题内容,并尽可能预测学生的答案。

(2)问题设计策略

尽可能设计启发学生的思维的问题,应对学生的语言能力、思维能力、知识水平提出一定挑战,对学生具有挑战性。正确回答这类问题对学生的自信心及学生能力的发展具有十分重要的作用。

（3）控制策略

教师在提问的过程中要有意识地调整提问方式，使问题由易到难，体现层次性，给学生留有思考的时间。当学生不能回答提问时，教师应调整问题，给予提示或引导学生找到答案，也可以将提问对象转向另一个学生。

（4）反馈策略

及时对学生的提问或回答给出评价，是提问有效进行的保证。鼓励、引导回答不当的学生，对学生能力表示认可，对学生良好表现的口头称赞甚至非语言性的动作、表情都可以作为反馈，使学生体验成功，产生自信心，进而走向成功。

根据高校英语的性质和具体的教学内容，教师将学习内容转化为各种形式的有价值的问题，并在网络教学演示课件上呈现，为学生在课堂内外的研究性学习设置起点。恰如布鲁纳所说的"教学过程是一种提出问题和解决问题的持续不断的活动"，因此，我们应多为学生创造思考的空间，这就要求教师在教学过程中，善于通过多媒体教学系统引导学生思考、讨论、回答问题，而不是限制学生的思维，让学生被动地跟着自己走。

（二）具体教学策略

具体教学策略在本研究中是指用于培养学生听、说、读、写能力的教学行为。笔者根据所涉及的教学内容，从听力与阅读教学策略、口语与写作教学策略以及词汇与语法教学策略等角度，探讨信息环境下高校英语自主学习教学模式的具体策略。

1.听力与阅读教学策略

听是听者积极、主动地接收目的语，理解、筛选有用信息并存入长时记忆，逐步扩大听觉渠道的一个过程。

心理语言学认为阅读是一个信息加工的过程，读者利用视觉信息自下而上地对文章的字、词、句进行解码，逐步理解整个语篇的意思；读者也可利用已有的背景知识，自上而下地预测内容。在阅读过程中，二者常交替综合使用。听力与阅读材料是一定社会和文化的产物，学生需要一定的文化与社会背景来真正、全面理解内容。信息环境下，高校英语教学可以利用以多媒体计算机为核心的信息技术和资源，构建高校英语教学活动，传授基于信息技术的高校英语听读的基本知识、基本技能，培养学生利用信息技术获取必要的英语听读信息的能力，使学生从中感悟英语的丰富内涵，扩大学生的文化视野和言语信息的输入或输出。信息技术的发展为多媒体技术辅助高校英语阅读教学提供了良好的条件。同传统印刷文本的阅读教学相比，多媒体技术可以将文本、声音、图像等结合，形成一种综合信息，激发学生阅读的兴趣。由于多媒体技术带有内置帮助手段，如在线词典、在线词汇表、句子解释、电脑发音等功能，学生更容易理解阅读材料。另外，多媒体技术辅助高校英语阅读教学的另一个优势就是它的"可改变性"。学生可以直接在电脑上对电子文本进行修改、复制、重组，阅读活动不再是单向的交流，而是一种文本与读者之间的互动、对话。这种双向的交流，更容易实现学生的自主学习。基于阅读和听力二者都涉及接收、处理信息的过程及社会文化背景，在对这两项技能进行训练时，以下三种策略比较重要：

（1）建立、扩展图示策略

建立、扩展图示策略指在听力、阅读教学过程中，教师要训练学生积累与听读材料有关的背景知识，增强对篇章的联想理解。教师要提供机会以让学生回忆已有的背景知识，同时还要拓展与材料相关的背景知识。该策略主要用于听力、阅读课教学的引入阶段。

在教学过程中，教师对不同文化、不同价值观和不同道德标准进行对比，利用信息技术的视频、音频、动画等效果或实物、图片等建立图式，帮助学生理解听读材料，或为学生提供相关背景知识材料，如在听读前，组织一些以丰富背景知识为主的课堂活动。

学生对听读材料的背景知识知道得越多，理解的程度就越深。背景知识对于英语语言水平较低的学生来说尤为重要，这些学生由于低层次处理技能即语言符号识别和句法结构认知欠佳，常逐词逐句阅读且断断续续，而建立背景知识属高层次处理技能，如借助丰富的背景知识，就可以弥补这些不足。信息技术为我们在教学过程中生动地展现或导入背景知识提供了便利。

（2）"授人以渔"策略

"授人以渔"策略是指教师在听力与阅读教学过程中要训练学生，使其掌握、运用高效听读技巧，提高听读理解能力。该策略在听读教学中以完成任务的方式进行。高校英语教学中，该策略通常训练以下几种技巧：猜测技巧，指学生根据已有的背景知识或图式的建立，高效地预测所要听读内容的技巧；寻找特定信息技巧，这一技巧使人们能很快获得某一条或几条特定信息；略读大意技巧，指无特殊目的，只需了解材料大意和中心思想；识别功能、话语结构技巧，指学生通过识别特殊符号，进行有选择地听、读，提高听读效率的技巧；根据上下文猜测的技巧，指学生对于阅读过程中出现的生词和较难的句子，能通过上下文猜测其意思的技巧。

（3）丰富语言输入策略

语言课堂教学活动可分为两大类，即为学生提供语言输入类和鼓励学生运用语言类。语言输入靠听和读，语言输出靠说和写。输入、输出关系密切，相互促进。越是输入丰富的语言材料和语言知识，越有利于输出的准确性、流利性和多样化。教师要广泛收集、选择适合学生水平且不局限于教科书的、地道准确的多种听读材料，为学生提供尽量多的接触真实语言的机会，通过大量的听读活动训练学生的听读技巧。在教学过程中，教师可以充分利用信息技术手段，采用英语小故事、笑话，听英文歌曲或用英语报告重大新闻等方法来训练学生的听读能力。

2.口语与写作教学策略

口语和写作是基本的语言表达形式。语言教学的中心任务是让学生通过听、读获得信息,以说、写表情达意、交流信息。学生开口说英语的最大困难是心理障碍,如害羞、怕出错、缺乏自信心等。克服心理障碍的有效方法就是创造轻松、愉快的课堂气氛,鼓励学生大胆开口。

(1)教学过程交际化策略

教学过程交际化策略是指教师在针对性地训练学生说、写能力时,其教学过程应强调交际训练的成分,让学生进行真实的信息交流。教师可以提供背景,让学生进行模拟交际,从而让学生自由思维、自由创造,在给定的背景下自由表达,从"想说"到"想说好",如借助信息技术在线聊天和电子笔友等,为学生创造一个真实的以说、写为主的语言运用环境。

在与英语国家的学生笔友通信时,学生听、读到的是地道的英语,还有对方独特的思想观点。与英语国家学生通信本身也是一种跨国文化交流,使学生直接接触异国文化,这必然有助于学生英语语感的形成和跨民族文化意识的培养。电子笔友具有灵活性和高速性的特点,提供实时远程交互功能。Word 文档的拼写和语法检查功能能帮助学生检查写作错误,电脑词典提供词义参考和查询,便于文章的修饰和修改,且操作方便、快速。总之,利用电子笔友进行英语写作教学可以为学生提供真实的英语交际语境,提供体验英语和使用英语的机会,可以大大提高学生的写作积极性。

(2)巧妙处理语言错误策略

巧妙处理语言错误策略指教师应树立正确的语言错误观,正确看待学生表达中的错误,在不同阶段、针对不同学生、按出错的程度区别对待语言错误,引导和帮助学生纠错。教师要及时引导学生看到自己的进步,并加以鼓励。许多研究表明,害怕出错的学生常在口语练习中保持沉默,或在写作中机械照抄课文原句,教师在纠错的过程中,要帮助学生树立自信心。

(3) 练习方式活动化策略

练习方式活动化策略指教师有目的地设计语言表达练习活动,为学生运用语言提供足够的机会。可通过开展英语游戏、演出,举办演讲、竞赛等活动,使学生运用课堂以外的信息、经验和知识,在不知不觉中运用学过的语言,提高语言实际应用能力。

3.词汇与语法教学策略

正如美国英语教学专家布朗指出的,词汇、语法在英语中起着重要的作用,不仅在语言课堂教学中有用,还对加快学习进程至关重要,是帮助学习者达到较高英语水平的重要途径。词汇、语法教学以提高学生的英语交际能力为目标,教学重点放在为实现交际功能,使学生在特定的语言环境中正确而又得体地运用这些语言形式。

(1) 完整步骤化教学策略

完整步骤化教学策略指教师在进行语言形式教学过程中,应策划一系列完整的、有步骤的教学活动。学生通过这些步骤掌握语言知识,最终达到运用语言形式进行交际的目的。运用该策略,教师应引导学生走过一个从"不知"到"知之",直到"用之"的过程,简称为PPP过程。

布朗等均认为应先让学生接触语言现象或为学生提供运用这种语言现象的情境,使学生自己通过疑问、猜测、探索过程,在教师的帮助下总结、归纳。教师要提供足够的时间与活动使学生练习所学的语言结构,确保学生能准确掌握语言知识。在学生理解并掌握语言形式及其意义之后,教师要为学生提供可运用语言知识的机会。在高校英语教学中,学生是学习活动的主体,教师要充分创造条件,提供学习情境,指导学生在各个环节更好地运用语言。

(2) 训练有效记忆策略

训练有效记忆策略指教师在进行词汇教学时,应有意识、有目的地训练学生运用有效的记忆方式和技巧,提高记忆效率。在学生已经掌握部分词汇的基础上，这类训练有助于学生进行词汇扩展或加深记忆。

（3）整理归类、区别对待策略

整理归类、区别对待策略针对词汇教学来讲是指教师要区分主动性词汇和被动性词汇，应采取不同的教学手段，提出不同的教学要求。教师应引导学生对词汇适当进行分类，按一词多义、一义多词、近义词、反义词等帮助学生整理词汇，达到巩固的目的。在词汇较多或复习阶段，教师运用该策略可以帮助学生在大脑建立词汇间的多重联系，以巩固和加深记忆。

（4）比较概括策略

比较概括策略是针对语法教学来讲的，指教师要适时对所出现的语法现象进行对比、分析、归纳、总结，让学生加强对语法现象的理解与掌握。借助信息技术可用图表等方法对语法进行总结。

四、高校英语自主学习教学模式评价策略

教学评价是指教师通过收集教学过程中的信息，进行判断、决策、反馈和调控的过程。在全面推行素质教育的今天，对学生学习的评价意味着具有多种功能的综合性的评价。要根据教学大纲中的教学目标和不同阶段的教学内容，结合学生的实际，通过教师和学生的通力合作，对学生的情感、态度、能力和学习策略予以评价。全面、客观、科学、准确的多元测评体系对于实现教学目标至关重要。学生是学习的主体，利用信息技术的主要目的是向学生提供学习的途径、资源和方法以便学生进行自主学习，获得知识与技能，最终得到发展。评价不是为了选拔和甄别，而是为了发挥激励作用，关注学生成长与进步的状况，以此来促进学生的全面发展。

教学评价是双向的，随着评价理论的发展，越来越多的评价者参与其中。自主学习是充分发挥学习者主观能动性的学习，其学习评价的主体将不再局限

于教师，学生将积极参与学习评价。学生的积极参与是评价得以顺利进行的保证，信息环境下的高校英语自主学习教学模式，采用过程性评价和终结性评价相结合的评价策略。

（一）过程性评价

过程性评价是在教学过程中进行的评价，是为使教学过程正确、完善而对学生学习结果和教师教学效果采取的评价。该评价的目的不是选拔优秀学生，而是发现每个学生的潜质，改进其学习，并为教师提供反馈。可以采用学生自我评价、学生相互评价及教师对学生的评价等方式。

一是学生自我评价，即在教师的辅助下，组织学生填写《学生英语能力自评》，对自己英语听、说、读、写等几个方面的能力已经达到何种程度，期望如何，客观地进行评价，以便学生调整自身学习策略，提高学习效率。二是学生相互评价，由其他同学对一位同学的英语听、说能力做出评价，克服学生自我评价的主观性。三是教师对学生的评价，教师根据学生学习的实际表现，对学生进行评价。教师可以参考学生平时作业、出勤情况、学习态度以及监控学生的网上自学学时和自主学习记录，随时对学生的自学过程进行观察、监督和评估，促进学生有效地学习。

（二）终结性评价

终结性评价指对一个阶段（一学期、一学年或一门学科学习结束后）教学活动结果进行的评价。其主要目的在于检查、总结教学目标的达标情况，评定学生的学业成绩，评定教学方案的有效性。宜采用终结性评价即期末课程考试，对学生的学习结果进行判断，测定或诊断学生是否达到教学目标及达到的程度，以评价学生综合应用英语的能力为主导。同时，建立测试题库，减少选择性作答题型的数量，增加直接测量英语应用能力题型的数量，以提高终结性评价的信度与效度，准确评定学生的学业成绩。

第三节　信息化背景下高校英语混合式教学模式创新与实践

一、信息化背景下混合式教学模式概述

（一）混合式教学模式概述

混合式教学是指将现代化的多媒体技术融入传统的教学手法。"大学英语"是一门实践性和应用性都十分强的学科，教师需要应用多种方法对学生的能力进行提升。混合式教学模式是以学生为中心，关注创新教育的一种教学模式，要在课堂教学中体现学生的主体地位和教师的引导、启发作用。混合式教学模式是以实践性教学过程为宗旨的教学模式，采用先进的教学理念和教学思想，运用现代化的教学手段，围绕对学生自主学习能力的激发与引导而构建教学系统。混合式教学模式充分利用网络教学资源，突破时间和空间的限制，这种教学模式改变了传统教学模式的理论框架，通过实践使学生将英语知识运用于生活，有效地提升了英语教学的效率和学生的综合学习能力。

（二）信息化背景下混合式教学模式的作用

混合式教学模式能够打破传统，创建不受时间与空间限制的学习环境，带给学生全新的体验，使英语教育的平台得以拓展，在传统的教学手段基础上实现教学方法的创新。信息化背景下的混合式教学模式使得高校英语教育的资源更加丰富。传统教育模式中的教学资源仅仅是教材，或配备一些听力材料或者练习册等，学生对枯燥的英语学习本就没有足够的兴趣，再加上听力训练和练习题，就会使得学生对高校英语课程完全失去兴趣。混合式教学模式具有很强

的适用性。随着时间的推移与现代化网络技术的日益成熟而渐渐普及，在信息化背景下，新媒体的使用越来越广泛，整合了众多的信息资源和媒体形式，教师能够将各单元的重点知识合理整合，按照知识点的类型进行分类，有利于提升高校英语教学的效率。信息化背景下的混合式教学模式为学生提供了更多的学习资源和更大的发展空间，在教学过程中，教师可根据学生的个人性格因材施教，使学生主动参与高校英语教育。

二、信息化背景下高校英语混合式教学模式改革策略

（一）整合线上学习资源

高校英语教育在新形势下的发展方向是为社会经济发展输送复合型应用人才，在高校英语教学实践当中，应融入对应学科专业知识，减轻学生的学习负担，使学生的英语知识更加具有针对性。信息时代下，应充分发挥其交互性、开放性、丰富性等特点，为学生提供丰富的教学资源。混合式教学模式与高校英语教学目标具有极大的契合性，能够使高校英语教学目标更好实现。在混合式教学模式当中的学习任务目标设立阶段，融入对应学科知识的教学方向，同时在教学情境设计当中融入对应学科知识元素，不仅使学生能够更加准确地理解英语知识，还使学生间接地习得了对应学科知识。教师可根据学习内容，选择重点的部分，设置悬念问题，引发学生思考，在课堂上更好地营造教学情境，充分吸引学生注意力，提升学生学习兴趣。此外，高校还需定期开展知识讲座，及时更新教学内容，真正做到与时俱进地为学生扩充教学资源，从而提升学生学习效率。

（二）创新教学模式

教师可以引入翻转课堂教学法，利用教学平台将重点的学习资料上传至云

端，学生可根据个人情况选择合适的时间自主学习和下载。翻转课堂打破了传统教育模式的桎梏，重新规划课堂时间，对课堂时间的合理安排是翻转课堂的优势所在。合理的课程安排能够使学生保持注意力集中，积极参与课堂学习。此外，教师也可将学生分成小组，时常询问小组协作类问题，以此培养学生的团队协作能力，并利用团队工作监督部分学生。

教师可以运用慕课教学。慕课教学不同于传统模式的教学，慕课教学能够充分调动学生的积极性，并根据学生的实际需求灵活地设置课程内容，在课上、课后都可以进行英语学习，使教学模式更加新颖，支持学生个性化学习。教师可通过互联网对学生的学习情况进行考核，同时学生可以借助校园网络对教师的教学情况进行评价。

（三）改革教学方法

信息化背景下，高校英语混合式教学模式可与多种教学模式相融合，通过创新与整合，逐渐形成新的教学方法。互动式教学模式是较为新颖的教学手段，在高校英语教学中有着重要的作用。互动式教学模式不同于传统的教学模式，具有创新性、创造性的特征；其注重教师与学生之间的互动和交流，教师在课堂上组织相关的课堂活动，提高学生的学习兴趣。互动式教学模式旨在提高学生的综合素质，挣脱传统教学模式的束缚，保持师生之间平等互动。应建立信息化学习平台，为学生提供丰富的学习资源与海量的知识，两者共同组成了教学模式系统模型的根基。创建现实的情境认知、信息交融、合作学习等具体功能服务应用，且为英语教学模式系统中的学生提供相应的服务应用，通过相关教学法的借鉴和融合，混合式教学模式逐渐展现出实效性。

随着时代的飞速发展，高校英语教育的内容覆盖面更加广泛，教学方式也更加多样。混合式教学模式将现代信息技术与传统教学模式相结合，形成适合当代高校学生发展、符合时代潮流的教学模式，已逐渐成为现代化信息技术教学未来发展的必然方向。整合线上学习资源、创新教学模式、改革教学方法，能够有效地在信息化背景下对高校英语混合式教学模式进行改革，提高学生整体英语水平，促进学生英语能力提升，为日后高校英语教育高质量发展打下坚实基础。

第四节 信息化环境下高校英语立体化教学模式创新与实践

一、立体化教学模式在高校英语教学中的作用

（一）带给学生全新的体验

随着网络信息技术的不断深入发展，网络通信技术实现了质的飞跃，在这样的背景下，立体化教学模式应运而生，这种全新的学习方式在某种程度上促进了终身教育的发展，也得到了相关教育学者的认可。在英语教学中构建立体化教学模式系统模型的可行性，主要体现在以下两点：首先，立体化教学模式能够打破传统。目前，立体化教学模式并没有明确的概念，可以理解为它是以网络通信技术为基础，结合多种教学方式的一种现代化先进方式。因此，在立体化教学模式系统模型中，不仅包含使用移动设备的学习、扩展实景式学习，跨地点学习同样属于该范畴。立体化教学模式在学校正常教育的基础上，尝试用网络技术来提升教学质量以及管理水平，呈现出独特性等优势。创建不受时间与空间限制的学习环境，是每位教师共同追求的目标，将立体化教学模式引

进英语教学，能让教学"遍布各个角落"。教师不仅可以将所传授的知识提前上传到平台，同时还能将教学信息、教学课件等长期保存到移动设备中，并及时共享给平板电脑、笔记本电脑、手机等多种电子设备。其次，立体化教学模式能够充分转变原有教学模式，为学生带来全新的学习体验，对教学实效性及学生兴趣的提升具有重要作用。在原则上，立体化教学模式提倡以人为本、教学统一，认为教师是教的主体，学生是学的主体，从而避免了将教师和学生割裂开的片面教学模式。传统的"以教师为中心"的教学模式下，教师是知识的传授者，学生是被动的接受者，灌输式教育扼杀了学生的主动性和创造性。现代单纯"以学生为中心"的教学模式过于强调学生的主体性，学生成为"主演"，教师成为课堂的"导演"（或"观众"），忽视新时代中教师的多重功能：组织者、创造者、咨询师。换言之，教师教书育人的主体性需要再次受到重视，只有教学融合、教师和学生加强互动，才能真正保证教学目标的实现。

（二）具有很强的适用性

立体化教学模式系统对于语言类课程尤为适合，但学习语言并不是一蹴而就的，它涉及的内容、种类复杂，相较于其他立体化教学模式项目，语言类项目的进展相对较为迟缓。在 21 世纪，移动通信设备全面进入了大众消费时期，这一转变为英语立体化教学模式系统模型的构建提供了契机，并且国外许多国家已经提供了较为丰富的、值得借鉴与参考的研究成果，这让国内学者们看到了新希望，他们认为立体化教学模式必然会成为英语学习未来发展的方向。目前，国内支持英语立体化教学模式的软件已较为普遍，比如新浪、搜狐、百度等影响力较大的企业都相继开发了移动设备的学习软件。国内的新东方英语培训中心，就运用自身开发的独特系统，培养了大量优秀英语专业人才，其教学团队与北大教育研究中心共同编制了适用于英语立体化教学模式的教科书，为各大高校构建英语立体化学习模式提供了有力的参考依据。

二、信息化环境下高校英语立体化教学模式的应用策略

（一）提高教学资源质量

信息教学是依托于信息时代的，而信息时代具有交互性、开放性、丰富性等特点。因此，教师应把握信息教学的特点，充分发挥其优势，利用大数据为学生提供丰富的教学资源，借助网络带给学生的趣味性构建网络课堂。网络课堂能够突破时间、空间的限制，使学生足不出户便能学到知识。但网络教育也有不足之处，对于学习不够主动的学生来说，网络课程无法有效提升学生的学习效率。为此，教师可在网络上发布短时教学视频，视频内容为上一节课的重点、难点内容以及下一节课重点学习的内容，也可为悬念问题，引发学生思考，并在新课开始前对学生进行提问，使学生自发展现自身的学习成果，为新课教学奠定基础。

专业化教师队伍是教学环节中最重要的资源之一，而我国部分高校英语教师专业能力不足，无法满足学生的学习需求。为此，高校可为英语教学打造专业化师资队伍，队伍不仅需要包含专业化本土英语教师以及外籍教师，还需要包含专业信息技术人员。本土英语教师可保障学生对英语知识的充分理解，外籍教师可有效提升学生的英语语感，增强学生听、说的能力。而专业信息技术人员可帮助教师利用信息技术手段为学生直观地展现英语知识，从而使教师在课堂上更好地营造教学情境，充分吸引学生的注意力，提升学生学习兴趣。此外，建设专业化教师队伍还需创新原有评估体系，将教师教学能力、教学表现等作为评估指标，同时建立考核机制，筛选专业技能不足的教师，并对其进行培训，使其具备优秀的教学技能。此外，高校还需定时为教师开展教学技能培训讲座，及时更新教学内容，真正做到与时俱进，从而提升学生学习效率。

（二）转变教学理念，创新教学模式

信息化教学是一种全新的教学模式，它利用信息资源为学生提供教学内容，并将学生作为课堂主体，以此培养学生的自学能力与表达能力，甚至是道德情感能力。教师可建立一个英语学习的公众号，每天发布相关知识，并将课堂教学中的重点、难点用有趣的方式向学生展现，同时开放评论功能，学生可在公众号的评论区自主发表言论与看法，真正体现信息化时代表达形式自由的特点。教师可通过评论了解学生对英语的真实看法，也能充分了解学生的学习特点，从而根据学生评论内容满足学生学习需求。

英语教学较为枯燥，大部分学生的学习兴趣不浓，要想将英语教学转化为学生主动接受的趣味性教学，可利用丰富的信息资源导入新课。导入新课这一教学环节是整个教学体系的基础，对学生是否能够投入课堂有着很大的影响。教师可在导入新课这一环节中，利用信息资源的丰富性与开放性，从不同的角度为学生提供教育资源，并将教育资源以多样的方式呈现给学生，以激发学生的学习兴趣。教师可将教学内容进行筛选，为学生创建有趣的情境，使学生投入情境，主动参与学习；教师也可利用悬念，激发学生的学习动机；教师还可利用信息技术手段，为学生营造趣味课堂氛围，为新课讲解做铺垫。

在高校英语教学中，会有较多的教学重点与教学难点，因此，教师要适当挖掘教科书的隐性内容，利用信息技术手段为学生创设情境，从而使学生融入角色、产生共鸣。例如在讲解与国外文化相关的教学内容时，教师可利用多媒体课件为学生展现相关国家的整体面貌、风土人情等，并利用多媒体技术展现所学内容的背景知识，使学生注意力保持集中，积极参与课堂活动。

（三）建立分层学习系统

分层学习系统充分实现了现代信息化学习模式与立体化教学模式的相互融合，按照四个维度进行划分，由下到上依次为数据支持层、学习资源统一标准层、学习服务层以及移动连接层。上层通过利用下层所提供的服务，来实现立体化教学模式有关的功能。

　　数据支持层主要包括校园移动网络环境、信息化学习平台及有关资源，校园移动网络环境是立体化教学模式的通信基础及学习环境的保障，而信息化学习平台则为学生提供了丰富的学习资源与海量的知识，二者共同组成了分层学习系统的根基。学习资源统一标准层重新构建并组织信息化学习资源，以此来实现无线移动网络技术与学习资源一体化标准。学习服务层在下层的基础上，来创建现实的情境认知、信息交融、合作学习等具体功能服务的重要连接零件，且为分层学习系统中的学生提供相应的服务应用。最上面的移动连接层，可以让学生通过不同种类的移动客户端，向学习服务层寻求相应的帮助，从而完成在系统中的学习。

（四）建设一体化的移动环境

　　在构建立体化教学模式系统模型的初期，学校首先应解决两个重要问题：其一是构建能够成为立体化教学模式系统模型与拓展网络环境的载体，其二是搭建适合立体化教学模式系统模型特点的学习资源呈现方式及内部组成结构，并且对信息化学习资源进行重新组合与构建。新创建的无线网络与有线网络、重新构建的立体化教学模式资源以及信息化学习资源应充分结合，最终形成一体化的信息集成学习环境。在建设校园网络的过程中，无线网络将会长期成为传统有线网络的扩充，有线网络以区域示范的形式进行布局，会造成网络覆盖范围窄、网络信号不稳定等不良状况，无法满足学生学习英语的需求，降低了学生的学习效率。支撑英语立体化教学模式的校园无线网应具备高效、迅速等特点。无线网络在布局上应全面考虑到信号的稳定性以及网络的覆盖范围，分析用户的密集度，确保学生在使用时能够在校园的网络范围内自由连接无线网，实现移动互联网的现代智能化。无线网络与5G网络、宽带网络之间要相互衔接，从而实现网络之间共同认证及资料共享、传递，为英语立体化教学模式提供更为广阔的空间。

网络信息技术的飞速发展，不仅改变了学生的生活方式，同时影响着他们的思想价值观念。在传统的教学方法下，学生对英语学习的兴趣逐渐丧失，立体化教学模式将现代信息技术与传统英语教学模式相结合，形成适合当代高校学生发展、符合时代潮流的英语教学模式。立体化教学模式具有很强的适应性，能够带给学生全新的体验。提高教学资源质量，转变教学理念、创新教学模式，建立分层学习系统，建设一体化的移动环境，能够有效地将立体化教学模式应用于高校英语教学，从而探索高校英语教学新领域，使学生的发展与社会的需求相契合。

参 考 文 献

[1]陈伟.高校英语教学策略创新与模式构建多维度研究[M].长春：吉林出版集团股份有限公司，2022.

[2]程亚品."互联网+"时代下信息技术与英语教学的深度融合[M].天津：天津科学技术出版社，2019.

[3]杜羽洁,史红霞.高校英语教学模式创新与发展研究[M].北京：北京工业大学出版社，2019.

[4]单士坤,王敏.二语习得理论视阈下的高校英语教学策略研究[M].长春：吉林大学出版社，2020.

[5]富婷,曹景凯,赵品一.课程思政与英语教学研究[M].成都：电子科技大学出版社，2021.

[6]高红梅,管艳郡,朱荣萍.高校英语教学创新性研究[M].长春：吉林人民出版社，2021.

[7]郭鸿雁,周震.新时代外语教学改革[M].银川：宁夏人民教育出版社，2020.

[8]黄文静.教海探航：多元文化视域下的高校英语教学研究[M].北京：中国商业出版社，2022.

[9]胡洁.连接主义视阈下英语专业学生创新型思辨能力研究[M].重庆：重庆大学出版社，2020.

[10]黄芳.新时代下高校英语阅读与词汇教学研究[M].长春：吉林人民出版社，2019.

[11]姜莉.中国高校专门用途英语教师专业发展和身份重构研究[M].长

春：东北师范大学出版社，2020.

[12]金鑫．高校英语公共教学与跨文化交际研究[M]．北京：中国大地出版社，2020.

[13]刘婷．新时期高校英语教学的多视角研究[M]．北京：中国商务出版社，2021.

[14]刘菲．高校英语教学的研究热点：英语教师专业发展研究[M]．长春：吉林出版集团股份有限公司，2021.

[15]罗桂温．高校英语教师专业发展与教学研究[M]．延吉：延边大学出版社，2020.

[16]龙娜娜．高校英语教师身份认同与自主性研究[M]．北京：经济管理出版社，2021.

[17]刘媛．新时代高校英语教学研究[M]．北京：北京工业大学出版社，2019.

[18]马飞，刘志鹏，司爱侠．新时代教育学专业英语[M]．北京：清华大学出版社，2022.

[19]潘鸣威，肖杨田．英语教师语言测评素养研究[M]．上海：上海交通大学出版社，2022.

[20]任荣政．专门用途英语"一体两翼"教学体系构建[M]．长春：吉林大学出版社，2021.

[21]孙婕．高校英语教学理论及实务研究[M]．长春：吉林人民出版社，2022.

[22]施莹莹，王红娟，李保丽．英语教育教学理论与实践[M]．长春：吉林人民出版社，2021.

[23]包垒，张丽，刘冲．跨文化交际与高校英语教学研究[M]．长春：吉林出版集团股份有限公司，2019.

[24]王倩．大数据时代的高校英语教学转型新模型[M]．长春：吉林出版

集团股份有限公司，2021.

[25]王亚敏，潘立鹏，李杏妹.新时代高校英语课堂与生态教育融合路径研究[M].太原：山西经济出版社，2020.

[26]吴文亮.信息化时代高校英语教学理论的解构与重塑[M].长春：吉林大学出版社，2018.

[27]徐琴.新时代高校英语教学模式创新研究[M].北京：北京工业大学出版社，2019.

[28]杨瑞英，姜峰，董记华.专门用途英语新发展研究[M].北京：清华大学出版社，2021.

[29]张云.教育转型背景下的高校英语教育模式研究[M].北京：中国纺织出版社有限公司，2022.

[30]周嫚，段潇乐，马燕.高校英语教学的基础理论与应用研究[M].长春：吉林出版集团股份有限公司，2022.

[31]赵丽.互联网背景下高校英语教育的创新发展[M].长春：吉林人民出版社，2020.

[32]展素贤.高校优秀英语教师素质研究：从学生视角[M].天津：南开大学出版社，2020.

[33]张羽，余学军.新时代高校英语教学范式重构研究[M].哈尔滨：黑龙江教育出版社，2019.

[34]张健堃.跨文化交际英语教学与研究[M].北京：冶金工业出版社，2019.